A Wood qui m'a offert le Luberon.

A Jean-Jérôme et Alexandra qui, me supportant depuis leur naissance,
n'en demeurent pas moins mes plus fidèles «supporters».

A Orysia et Philémon en guise de cadeau de bienvenue dans ma vie.

A chacun de mes hôtes.

Avec toute ma reconnaissance

Mincka

La Massane
Les Joncades Basses
13210 Saint-Remy-de-Provence
ISBN 2-84135-437-7
ISSN 1276-4416

Mincka

Ma Cuisine Médiévale

ÉQUINOXE

Histoires de Cuisine et d'autres choses de Mincka

Les plaisirs de la table, même s'ils sont recherchés, sont plus rares qu'il n'y paraît. Ce qui l'est moins c'est le désir, la curiosité, le goût du nouveau, du rare qui nous habitent. Le souhait qui les accompagne de trouver ou de proposer au dehors, dans un restaurant accueillant ou dans l'intime d'un chez-soi, une bonne table, des mets goûteux, une harmonie entre l'entrée et la suite, une ambiance dans l'assiette et autour... de l'assiette.

Nous avons souvent des élans, des espérances vers un rêve, celui de se retrouver, de préférence avec la personne aimée ou des amis, autour d'une bonne table, non seulement pour bien manger, mais pour le plaisir de manger et de parler. Nous craignons parfois les plats envahissants qui bouffent l'espace d'un repas sans laisser suffisamment de place au partage des mots, aux regards, à l'écoute, ou aux rires qui facilitent la digestion et stimulent l'appétit.

Nos mythologies personnelles oscillent entre le simple et le bon ou le recherché et le raffiné, le connu et l'inconnu. Un restaurant et plus récemment ce livre, nous permet tout cela.

Mincka et ses amis, cuisinent à l'année longue, dans un petit restaurant dont la terrasse ne désemplit pas à la belle saison, dans un village magique du Luberon. Roussillon sous le ciel.

Elle nous offre avec ce livre de l'amour et du bien-être. Oui de l'amour et tout d'abord sa passion pour les légumes de toujours, de saison, pour le blé engrain appelé aussi épeautre, pour des condiments et des apprêts subtils. Elle mêle ainsi, mélange, accorde et magnifie des choses simples. Des tomates et des courgettes, de l'oignon et des champignons, du thym, du laurier et trois clous de girofle avec une branche de sauge. Elle sait marier le serpolet, le poivre et la cannelle, fait se rencontrer et s'aimer le gingembre, le miel liquide et le vinaigre balsamique.

Elle nous fait le cadeau de sa générosité avec de l'huile d'olive, des épices et tout un cortège d'herbes de Provence, si odorantes, si subtiles, si précieuses. Elle nous transmet des recettes et surtout leur origine, leur source et un peu du mystère de leur histoire. On trouvera dans ce bel ouvrage illustré, des informations qui nous étonneront et qui vont illuminer de leur vivance tel plat, telle recette, donner une saveur particulière à telle viande, à tel poisson que nous pensions pourtant connaître, à telle ratatouille, coucous du Luberon, daube de bœuf à la Cardamome. Son agneau au miel parsemé de raisins secs nous étonnera avant de devenir jubilation.

Mincka sait mélanger les parfums et nous enchanter, nous transporter avec de la coriandre, du basilic ou de la muscade. Elle sait nous offrir du bien-être et nous apprivoiser avec des préparations cuites lentement, dans l'amour, l'attention et le respect.

Ai-je oublié le fromage de chèvre, brebis, ses gâteaux au chocolat, sa compote d'Iseult, recette d'un temps ou les épices avaient des vertus thérapeutiques autant que gustatives...

Il vaut mieux que je vous laisse découvrir ces petites merveilles qu'il vous sera loisible de créer et d'offrir chez vous et peut-être de venir déguster un jour à Roussillon sous le ciel.

Jacques Salomé

Sommaire

PRÉFACE 4

ENTRÉES 9

- La poichichade 11
- Le brigadeù 12
- Les tagliatelles de courgettes aux herbes fraîches 15
- Le feuilleté du terroir 16
- Terrine de légumes et de brousse aux herbes fraîches 19
- Filets de rougets à l'escabèche 20
- Broussade de poissons fumés au piment d'Espelette et à l'aneth 23
- Potage d'été des moines du Pays de Sénanque 26
- Grillettes aux truffes d'été au sel de Guérande 30
- Beignets de Cèpes à la farine de lentilles 33
- Cèpes marinés au vinaigre balsamique et aux épices 34
- Millefeuille de topinambours et de foie gras poêlé au jus de truffe 38
- Soupe glacée aux légumes de Provence 41
- Tarte au fromage de chèvre 42
- Tartare de saumon et concombre à l'aneth 45
- Cocotte de truffes aux lentilles et basilic pourpre 46
- Soupe de potiron 49

PLATS 51

- Aile de raie en aillée 53
- Les coquilles saint Jacques à la crème de corail 54
- Parmentier de morue aux poireaux 57
- Emincé de basse cour à la fleur de thym des Claparèdes 58
- Le Calamantran 61
- Ambroisine de poulet aux fruits secs et au lait d'amande 62
- La Cévenole 65
- Civet de porc au gingembre frais, au miel et aux amandes 66
- Le Couscous du Luberon 69
- Daube de bœuf à la cardamome 73

■ Agneau au miel 76
■ La Sardamone aux deux coriandres 79
■ La Luberone 80
■ L'aïoli de tante Simone 84
■ Le coq au vin de Jean-Jérôme 87
■ La tourte du lac Saint-Jean 88
■ Le cari Provençal 92
■ Petits accompagnements pour servir le cari 93
■ Le poulet à la lavande et à la mélisse d'Enguérrand 95
■ Cailles farcies de fromagée et de genièvre 96

LEGUMES ET ACCOMPAGNEMENTS 99
■ Les courgettes rondes farcies d'ail en chemise 101
■ Papeton de légumes 102
■ La polenta du Pays d'Aix 105
■ Les croquettes de ma grand-mère 106
■ Les Fèves et les petits violets aux lardons et à la coriandre 109
■ Les topinambours et les blettes à la vapeur de gingembre et de badiane 110
■ Compotée de rhubarbe à la pimprenelle 113
■ Crème de basilic à l'huile d'olive 114

DESSERTS 117
■ Figues pochées au Beaumes-de-Venise 119
■ La Compote d'YSEULT 123
■ Le gâteau au chocolat 124
■ Gâteau pommes-cannelle 127
■ Soupe de cerises à la fleur d'oranger et au miel de lavande 128
■ Tailliz de petit épeautre aux fruits secs 131
■ Potimaron à la cannelle 135
■ Tian de lavande et de farine d'avoine 138
■ Chocolats à la cannelle et au gingembre 141
■ Crème de gingembre frais au miel d'acacia 142
■ Gingembre confit 145
■ Pêches rôties au miel, au basilic et à la lavande 146
■ Soupe glacée de melon 149
■ Terrine de brousse à la verveine fraîche 150
■ Crumble aux poires et au gingembre 152
■ Potimaron et jujubes en gelée de cannelle safranée 156

REMERCIEMENTS 158

Les épiceries fines qui nous distribuent 159

Les Entrées

La Poichichade

Le pois chiche, ce légume oublié, est pourtant connu depuis l'âge de bronze.

Cicéron lui devrait son nom, sa famille s'étant enrichie par la culture des pois chiches. Mais on dit aussi qu'il portait ce nom en raison de la verrue, en forme de pois chiche, qu'il avait sur le nez !

Au Moyen-Âge on lui reconnaît le pouvoir de "faire abonder en luxure" mais il est réputé "faire en le corps, une opération pareille à levain en paste...".

En Espagne cette légumineuse était la base de l'Olla podrida, un plat très riche et très compliqué, obligatoirement servi dans les réceptions où apparaissait un grand d'Espagne ou un titulado de Castille.

Aujourd'hui encore l'attribution du Garbanzo de plata (Pois chiche d'argent) est une distinction octroyée aux personnalités du monde de la culture ou des arts.

Cuisiné de toutes les façons, le pois chiche a la réputation de venir au secours d'une sexualité défaillante ... une croyance qui n'a rien de scientifique.

Au XVIIIe siècle, le café du matin entre dans les mœurs de la France, on y mêle de la farine de pois chiche pour lui retirer son amertume ... "et ça lui donne ben du liant" d'affirmer les servantes aux cuisines.

En octobre, ils arrivent sur nos marchés de Provence, ne les dédaignez plus !

LA POICHICHADE

La veille :
Faites tremper les pois chiches toute la nuit dans de l'eau salée.

Le jour même :
Rincez plusieurs fois vos pois.
Mettez-les dans un grand volume d'eau et accompagnez-les de laurier, de thym, de romarin, d'une ou deux têtes de badiane (ou anis étoilé, chez votre pharmacien), gros sel, et poivre.
Laissez cuire longtemps... Au moins deux heures, une piqûre de fourchette vous renseignera sur leur moelleux.
Egouttez, passez au mixer avec l'ail, l'oignon, la coriandre, le sel et le poivre.
Dans un bol ajoutez l'huile d'olive en filet comme pour une mayonnaise jusqu'à obtenir une consistance bien crémeuse.
Servez glacé sur des toasts de pain grillé à l'apéritif, mais aussi réchauffé en y ajoutant une pointe de gingembre en poudre, pour accompagner un rôti de porc.

I N G R É D I E N T S

500 g de pois chiches triés,
4 gousses d'ail épluchées et dégermées,
1 oignon rouge,

1 gros bouquet de coriandre,
Huile d'olive, thym, laurier, anis étoilé,
Sel, poivre.

LE BRIGADEÙ

Dans une cocotte à fond épais faites dorer le collier en dés. Ajoutez les lardons, puis l'ail et les oignons émincés. Laissez fondre lentement sans colorer.

Versez ensemble petit épeautre, lentilles et haricots. Commencez à remuer avec le bâton, en enrobant soigneusement légumes secs et céréales de matière grasse.

Couvrez de bouillon, salez, poivrez, ajoutez thym et laurier. Laissez mijoter au moins 2 heures en remuant de temps à autre.
Il est temps d'ajouter les légumes coupés en petits dés. Goûtez, rectifiez si besoin est. Couvrez et oubliez votre marmite à feu doux pour 1 heure et demie.

Avant de servir, n'oubliez pas les herbes fraîches hachées.

I N G R É D I E N T S

Pour 8 personnes
500 g de petit épeautre de SAULT,
4 carottes, 1 tranche de potiron,
2 branches de céleri,
3 topinambours,
1 poivron rouge, 1 poivron vert,
1 poireau, 2 oignons,
2 gousses d'ail,
1 poignée de feuilles de blettes
ou d'épinards,
250 g de lardons fumés,
300 g de collier d'agneau
coupé en petits dés,
1 poignée de haricots secs,
1 poignée de lentilles,
un bon bouillon de poule,
sel, poivre, thym, laurier,
persil et coriandre,
2 cuillères à soupe d'huile d'olive.
... et bien sûr un bâton de laurier
pour remuer la soupe !

Le Brigadeù

Dire du petit épeautre qu'il est l'ancêtre du blé, équivaut à affirmer que l'homme de Cro-Magnon est notre ancêtre. Ce n'est certainement pas faux, mais il faut chercher les ressemblances avec beaucoup d'attention ! Le petit épeautre n'est pas du blé, ni de l'épeautre, son vrai nom, celui connu des spécialistes est «Blé engrain».

Il est amusant de noter qu'au Xème siècle, «engrain» signifie triste, sombre. En effet, c'est bien du pain noir que donne le petit épeautre, du pain des pauvres, et sa nature rude et colorée, le fait rejeter de l'église qui refuse de l'utiliser pour l'eucharistie !

Peu importe, le paysan le cultive, il survit là où les blés «nobles» refusent de croître, montagnes et collines ne l'effraient pas. Il se contente des eaux de pluie, rares dans la région. Sa nature de «blé vêtu» (le grain est entouré d'une balle épaisse) permet une conservation aisée, le protégeant des insectes inopportuns.Et surtout les terres où on le sème étant réputées «bois, garrigues, incultes» ne sont soumises qu'à une taxe légère. En outre, le passage du petit épeautre au moulin est superflu. Après avoir grillé les grains, un bon mortier et une grande dose d'énergie suffisent à produire bouillie et gruau.

Alors, durant des décennies le petit épeautre est roi dans les chaumières du pays de SAULT : pains, galettes, soupes, gratins, il est présent à chaque repas. Et l'hiver, un «brigadeù» brûlant réchauffe le paysan de retour des champs, ou lui donne du cœur au ventre pour affronter la neige du petit matin, fréquente en cette région montagneuse.

Le «Brigadeù», que je sers l'hiver, permet lui aussi d'affronter la promenade des ocres, c'est une soupe de petit épeautre et de légumes secs, patiemment tournée dans la marmite avec un bâton de laurier qui lui donne tout son parfum.

Les Tagliatelles de courgettes aux herbes fraîches

Un dimanche matin, sacrifiez la grasse matinée pour découvrir le marché de COUSTELLET...
Vers 7h30, les paysans installent leurs éventaires. Ici, pas d'intermédiaire, les légumes et les fruits ont été cueillis la veille «à la fraîche».
Si le matin n'est pas votre heure favorite, rendez-vous à 18 heures tapantes (signal d'ouverture au coup de sifflet !) au marché de VELLERON. Chaque soir, sauf le dimanche, toute la Provence offre ses couleurs, ses saveurs, ses odeurs ! Ces deux marchés sont mes préférés, les tomates ont un parfum inégalable, les melons fondent sous la langue...
Vous y découvrirez ces étonnantes courgettes jaunes fermes et croquantes qui, mêlées à quelques vertes, ensoleilleront la table de vos vacances.

LES TAGLIATELLES
DE COURGETTES AUX HERBES FRAÎCHES

Lavez les courgettes.

Avec un économe, détaillez-les en fines lanières en dédaignant le cœur et les graines.

Faites bouillir un grand volume d'eau salée.

Plongez les «tagliatelles» obtenues 1 minute dans l'eau bouillante et rincez-les immédiatement sous l'eau froide (j'ajoute dans la passoire quelques glaçons) afin de les maintenir bien fermes.

Egouttez complètement.
Arrosez de vinaigrette, puis, généreusement, d'herbes fraîches.

Décorez de mini-tomates coupées en 2.

INGRÉDIENTS

Pour 4 personnes
4 petites courgettes jaunes, 4 petites courgettes vertes, vinaigrette à l'huile d'olive et au vinaigre de framboises,

Herbes fraîches : *estragon, ciboulette, persil, basilic, menthe, hachés, quelques tomates cerises et tomates poires pour décorer.*

LE FEUILLETÉ
DU TERROIR

Dans une casserole à fond épais faites fondre lentement les oignons avec la cuillère d'eau, puis ajoutez les poireaux.

Le mélange doit fondre sans colorer.

Lorsque tout est bien fondu, ajoutez la crème fraîche et les épices.

Poursuivez la cuisson à feu très doux environ 5 mn.

Dans la pâte, découpez des rectangles (ou des losanges, ou tout autre forme de votre choix !) et faites-les gonfler au four après les avoir doré à l'œuf battu. Ouvrez-les en 2 dans l'épaisseur, verser le mélange crémeux...

Recouvrez de l'autre moitié du feuilletage.

Servez avec une salade de mesclun.

I N G R É D I E N T S

Pâte feuilletée,
2 oignons finement émincés,
4 poireaux aussi finement émincés,
sel, poivre,
1 pointe de couteau de muscade râpée,
1 pointe de couteau de curry,
1 cuillère à soupe d'eau,
1 petit pot de crème fraîche,
1 jaune d'œuf battu.

Le Feuilleté du terroir

Nous devons la pâte feuilletée à une vocation contrariée...

En l'an 1600, naît à Chamagne près de Mirecourt, dans les Vosges, Claude Gellée. Il passe son temps à dessiner, mais sa famille est modeste, on l'envoie donc apprendre le métier de pâtissier à Toul.

Un jour on le charge de préparer une pâte au beurre... il oublie le beurre !! Voulant dissimuler son étourderie, il pose le beurre sur la pâte, en replie les bords, aplatit soigneusement le tout, pensant que l'on ne remarquera rien , et retourne à ses croquis...

Le maître-patissier enfourne ses gâteaux et, qu'elle n'est pas sa surprise lorsqu'il découvre, après cuisson, une galette gonflée !

La pâte feuilletée est née !

Claude, surnommé LE LORRAIN (il est d'usage d'ajouter le nom de sa province d'origine à son prénom), devient ouvrier pâtissier à Paris où il fait la fortune de son employeur, mais se refuse à révéler son secret.

Il décide de voir du pays, et part pour FLORENCE, chez Maître Mosca Angelo qui, par ruse, découvre la recette mystérieuse...

Claude s'en moque désormais, il a rencontré un peintre allemand qui lui ouvre d'autres horizons. Il dit adieu aux tartes et aux oublies et s'établit à Rome, où il devient très vite un paysagiste réputé, maniant la lumière de façon magique.

Terrine de légumes et de brousse aux herbes fraîches

Petite fille, j'entendais «crier à la brousse» dans les rues d'Aix-en-Provence.

A cette époque, le «caillé» de lait de chèvre et de brebis était vendu par le fermier dans de petits pots en terre.

Nous échangions les vides contre la livraison du jour, le jetable n'était pas encore de mise !

Du printemps à l'automne, je dégustais ce fromage frais accompagné de purée de fraises, de miel, de sucre. Mon grand-père le préférait saupoudré de sel et de poivre, d'ail et d'herbes fraîches.

Il reste pour moi synonyme de vacances et de soleil

Je me suis amusée dans cette recette à mêler couleurs et saveurs.

TERRINE DE LÉGUMES
ET DE BROUSSE AUX HERBES FRAÎCHES

Emincez les carottes épluchées en fines lamelles (à l'aide d'un économe) ainsi que le potiron et le brocoli. Faites cuire «al dente» vos légumes dans un panier vapeur, ou dans le panier d'un autocuiseur, une quinzaine de minutes.

Pendant ce temps mélangez vos fines herbes hachées avec sel, poivre et brousse.

Rafraîchissez les légumes cuits sous l'eau glacée, afin de leur conserver leurs couleurs, et égouttez-les soigneusement.

Dans une terrine, alternez une couche de légumes, une couche de brousse aux herbes, terminez par une couche de brousse, arrosez d'un filet d'huile d'olive.
Filmez la terrine de plastique et posez un poids sur l'ensemble (une grosse boîte de conserve fera l'affaire).
Laissez la terrine au moins une nuit au réfrigérateur.

Servez en tranches épaisses, avec un coulis de poivron.

I N G R É D I E N T S

1 pot de brousse fraîche,
3 carottes,
200 g de potiron ,

300 g de brocoli,
herbes fraîches (persil, estragon, ciboulette),
sel, poivre, huile d'olive.

FILETS DE ROUGETS
À L'ESCABÈCHE

Dans une poêle, et à feu doux, versez l'huile d'olive et toutes les épices, aromates, herbes et oignons

Laissez mijoter 1/4 d'heure en remuant de temps en temps avec une cuillère en bois, sans laisser colorer.

Ajoutez 1 verre à moutarde de vinaigre de cidre, 1 verre à moutarde de vinaigre de vin et 1/2 verre d'eau.

Oubliez votre poêle pour une vingtaine de minutes, puis versez 1 cuillère à soupe de vinaigre balsamique.

Posez les filets de rougets, côté peau (rose) juste le temps de les voir se recroqueviller.
Tournez-les, un par un et laissez frémir, 2 minutes suffisent, retirez et laissez refroidir.
Le liquide de cuisson se conserve aisément une semaine au réfrigérateur.
Il suffit de le réchauffer, et de recommencer.

I N G R É D I E N T S

3 ou 4 filets par personne,
2 c à s d'huile d'olive,
2 oignons finement émincés,
carottes en rondelles,

une pointe de couteau
de noix de muscade râpée,
thym, laurier, aneth, fenouil,
céleri-branche en petits dés,

estragon frais haché, sel, poivre,
gingembre frais râpé,
3 sortes de vinaigre : cidre, vin et
vinaigre balsamique.

Filets de rougets à l'escabèche

Au Moyen-Age, la taverne est une boutique où l'on peut acheter et consommer sur place du vin en pot.

J'ignore si l'affichage des prix était obligatoire à cette époque, mais les crieurs attachés à chaque établissement et chargés de faire la publicité, étaient également priés par le tavernier de hurler les tarifs en vigueur dans les rues du quartier.

Pour inciter à la consommation on servait des plats réalisables rapidement comme des «soupes au dépourvu» qui mijotaient dans la cheminée à longueur de journées, et des poissons, salés ou à «l'escabèche» qui avaient l'avantage de se conserver longtemps sans précaution particulière.

Le visiteur désireux de passer la nuit dans une chambre ou à l'étable était tenu de prendre son repas sur place, c'est ainsi qu'alors on entendait : «Qui dort dîne» !

Broussade de poissons fumés au piment d'Espelette et à l'aneth

Je rêvais depuis toujours de la Lituanie, pays natal de ma mère. Cet hiver j'ai pris la route : 2500 km en voiture. Quand on a envie de tout voir au passage, les villes médiévales allemandes, la maison natale de Chopin... ça prend beaucoup de temps... 6 jours exactement ! Enfin je suis arrivée au centre de l'Europe (hé oui un musée situé à 20 km de Vilnius, la capitale, en témoigne !). Nous étions en novembre, les journées étaient courtes, mais la lumière sur les façades colorées de la vieille ville était une pure merveille. La découverte des plages de la Baltique, de l'ambre omniprésent, le voisinage des sculptures païennes et des calvaires catholiques, m'ont enchantée.

J'ai eu la chance de rencontrer des gens merveilleux qui m'ont permi, à travers une émission de télévision très populaire, de retrouver une quarantaine de membres de ma famille. En ville, ou dans les plus petits villages, j'ai reçu un accueil inoubliable. Et s'il est vrai que la température extérieure était très fraîche, la gentillesse des Lituaniens m'a réchauffé le cœur. Ce peuple fier, qui a su préserver sa langue, la plus ancienne des langues indo-européennes, ses traditions, sa culture, sous les occupations multiples, a conservé aussi le sens de la fête et de l'hospitalité.

Quelques années d'indépendance seulement et l'on peut dire que ce vieux pays est un pays jeune. Partout j'ai rencontré des gens décidés à prendre leur avenir en main. Il reste que les orphelinats sont pleins... J'en ai visité, j'ai rencontré des volontaires qui viennent de France deux fois par an, apportant vêtements, jouets, papiers, crayons, mais aussi médicaments et vaccins. A l'orphelinat de Trakkaï on m'a offert des poissons séchés. Les lituaniens pêchent, que ce soit sur les bords de la mer Baltique, dans les multiples rivières ou les 3000 lacs du pays. Pendant mon séjour les lacs étaient gelés, mais très fréquentés par les amateurs de pêche sous la glace, et j'ai passé des heures à les observer percer des trous et remonter des brochets, des perches, des gardons ou des brêmes. J'aime beaucoup le poisson séché, ma mère en raffolait, j'ai eu envie de marier la Provence à la Baltique en imaginant cette «broussade».

Enfants de Lituanie 8 place centrale 21800-QUETIGNY
Tél. : 03 80 46 69 84 www.ifrance.com/enfants-lituanie

BROUSSADE
DE POISSONS FUMÉS AU PIMENT D'ESPELETTE ET À L'ANETH

Mixez le tout dans une jatte.

Laissez au frais au moins 3 heures.

Servez dans de petits ramequins individuels avec une tranche de citron et une salade verte.

I N G R É D I E N T S

200 g de haddock,
200 g de saumon fumé,
200 g de maquereau fumé,
2 brousses de 400 g, un bouquet d'aneth,
1 cuillère à café de piment d'Espelette,
1 cuillère à soupe de crème fraîche épaisse.

Potage d'été des moines du Pays de Sénanque

En ce dimanche de l'an 1178, à l'office du matin, l'abbé a conté à ses ouailles la bénédiction par l'évêque de Cavaillon, de la nouvelle abbaye de Sénanque, où les moines appliqueront la règle de Saint Benoît.
Guillaume et Mahaut, après avoir commenté l'événement avec les villageois, sont redescendus dans leur maison à l'ombre des remparts juste à temps pour que Mahaut mette au monde leur huitième enfant. Guillaume a apporté le bébé au vicaire afin de le baptiser et celui-ci a conseillé de le nommer Benoît.
Benoît grandit dans cette petite maison et commence à aider ses parents dans les vignes, mais il n'est pas bien robuste. Plus souvent dans les jambes de sa mère devant la cheminée, il tourne la cuillère dans le chaudron où mijote la soupe d'herbes sauvages.
Il ramasse les oeufs dans le poulailler, et court la colline où, en observant avec beaucoup de patience certaines mouches, il découvre des rabasses* qui agrémentent fort bien l'ordinaire. L'église condamne les truffes les estimant aussi noires que l'âme d'un damné et si certains prétendent que la terre brûlée entourant les racines des chênes sont des ronds de sorcières, Benoît, quant à lui, n'a jamais aperçu le moindre démon au pied des arbres.

Guillaume s'inquiète pour cet enfant qui reste chétif, incapable de manier le fléau pour battre le peu de grain récolté par la famille ni de porter sur ses épaules la hotte à raisins. Ses aînés travaillent dur, certains sont loués comme brassiers ou manouvriers chez des notables de Saint-Saturnin ou de Goult, mais que deviendra Benoît ?
Le père s'en ouvre au prieur qui lui conseille de confier l'enfant à l'abbaye. Benoît entre donc à Sénanque. Il a de tout temps partagé l'unique lit familial dans la salle, face à la cheminée. Il dort seul à présent, sur une paillasse au sol, dans l'immense dortoir glacial. Ses jours et ses nuits sont réglés par les sept offices quotidiens du milieu de la nuit au coucher du soleil.

Benoît participe à la vie communautaire, prières, travaux des champs, cuisine, mais aussi études. Le latin populaire dont vient le provençal parlé au village, n'est pas de mise dans l'enceinte de l'abbaye.

La préparation des repas est la tâche qu'il affectionne tout particulièrement. Benoît est gourmand, et si le père Abbé, suivant scrupuleusement la règle, n'autorise pas la viande, le repas unique pris au réfectoire vers midi, après les ablutions d'usage, n'en demeure pas moins très copieux deux plats cuits : légumes et céréales, des fruits, une livre de pain, un demi-setier de vin. Certains jours fastes les oeufs, le fromage ou le poisson sont permis. Benoît se distingue par sa façon d'accommoder les mets, il est de plus en plus souvent dans la grande cuisine de l'abbaye, il cultive le jardin des moines, et cueillant des herbes sauvages pour la soupe il trouve des truffes blanches d'été, à celles-là au moins on ne reprochera pas leur couleur !

On apprécie ses talents, et bien vite, on le dispense des longues heures d'études théologiques tout comme de l'atelier d'enluminures où il n'obtient que de piètres résultats. Bientôt son temps n'est plus partagé que par les offices, la cuisine, et la cueillette des herbes qu'il connaît si bien. Il est le coquinarius de l'abbaye.

En 1214, au début de l'été, François d'Assise, dont la mère était provençale, traverse la région, est-il passé par l'abbaye de Sénanque ? s'il l'a fait, il a sans nul doute apprécié cette soupe imaginée par Benoît.

*truffe

POTAGE D'ÉTÉ
DES MOINES DU PAYS DE SÉNANQUE

Emincez finement les oignons et faites les fondre dans l'huile d'olive à feu doux sans les laisser dorer, très très lentement avec la patience d'un moine !
Lavez les herbes fraîches et passez-les au mixer avec une cuillère d'eau, réservez.
Passez également au mixer le petit épeautre.
Lorsque les oignons vous semblent bien fondus, ajoutez la purée d'herbes, laissez doucement mijoter. Il est temps de verser la purée de petit épeautre, une tasse ou deux d'eau pure, à nouveau laissez la casserole au coin du feu pour un petit quart d'heure...
Salez, poivrez, ajoutez cannelle, cardamome, et la truffe finement émincée, (gardez quelques tranches). Cette fois 1 à 2 minutes suffisent !
Laissez refroidir, servez glacé, en ajoutant dans chaque assiette les tranches de truffes restantes
Prenez la précaution de placer vos assiettes au congélateur une heure ou deux avant le service !

Variante d'hiver : les truffes noires bien sûr ! N'oubliez pas que les plus savoureuses se dégustent fin janvier, bien après les traditionnels repas aux truffes de Noël ou de fin d'année !

I N G R É D I E N T S

Pour 6 personnes
2 oignons rouges de Simiane, 60 g de truffes d'été, quelques menues herbes (persil, feuilles de blettes ou d'épinards),

2 tasses de petit épeautre de Sault déjà cuit, sel, poivre, une pincée de cannelle, une pincée de cardamome en poudre, 1 cuillère d'huile d'olive.

Grillettes aux truffes d'été à la fleur de sel de Camargue

Quoi de plus commun, de plus banal qu'un grain de sel ?
Pas même un aliment, tout juste un condiment !

Banal le sel ? bien sûr ! difficile d'imaginer une flambée des prix du sel à l'image du pétrole! Et pourtant !

Thétis, la plus célèbre des Néréides, fut contrainte d'épouser un mortel : Pelée, roi des Myrmidons. Elle tenta d'échapper à l'hymen, mais en vain... impossible de résister aux dieux ! Le jour des noces, tout le Gotha était présent (sauf Discorde qu'on avait oublié d'inviter, et qui pour se venger fit livrer une de ses fameuses pommes !). On offrit solennellement aux jeunes époux le seul cadeau qui convint : le sel, symbole d'alliance entre divin et humain. On ne sait pas s'ils vécurent heureux, mais un fils naquit de leur union : Achille, le plus grand des héros grecs.

Dans l'ancien testament, toutes les grandes alliances de Yahvé et de son peuple sont scellées par le sel.

«Vous êtes le sel de la vie.»
C'est Jésus qui parle ainsi à ses disciples (Mathieu (5 :13). Le baptême catholique, chasse le démon et unit le nouveau venu à Dieu par le sel.

Et le «salaire» des Romains du 1er siècle est, bien entendu, payé en rations de sel.

En 1930, Gandhi, (il avait alors 61 ans) pour protester contre la gabelle, cet impôt sur le sel appliqué par tous les gouvernements, parcourt 200 miles en 24 jours. Plusieurs milliers de

personnes arrivent avec lui au bord de la mer, le voient plonger dans l'eau puis ramasser une petite quantité de sel abandonné par les vagues, violant ainsi la loi britannique. Il commente sa marche : «le sel est aussi nécessaire que l'air et l'eau».

Notons que la gabelle, impôt de misère, n'est aboli officiellement en France que depuis 1945 !

La tradition païenne d'offrir du sel aux jeunes mariés persiste en bien des pays, entre autres en Russie.
Pendant des siècles la seule façon de conserver les aliments, et donc de lutter contre la famine, est la salaison.
J'observe scrupuleusement une superstition attachée au sel : si j'en renverse par mégarde, je m'empresse d'en jeter une pincée au dessus de mon épaule gauche... Une de mes amies, à mes débuts dans la restauration, répandait du sel sur ma terrasse... pour attirer les clients !

Quant aux femmes du moyen-âge, elles salent leurs maris pour les rendre plus résistants...

La fleur de sel, «l'or blanc», qu'il soit de Camargue ou de Guérande, est la croûte délicate et fine, au goût de violette, qui se forme à la surface des marais salants si l'harmonie entre l'eau, le vent et le soleil est parfaite. Elle est récoltée par le paludier à la lousse, large planche de châtaignier de faible épaisseur.

GRILLETTES
AUX TRUFFES D'ÉTÉ
À LA FLEUR DE SEL DE CAMARGUE

Beurrez les tranches de pain, saupoudrez-les de fleur de sel, ajoutez les tranches de truffes.

Filmez les sandwichs et laissez-les au réfrigérateur 24 heures.

Juste avant de passer à table défaites vos petits paquets, passez les sandwichs sous le gril du four, servez les accompagnés d'une salade de mesclun, décorée de fleurs de bourrache.

I N G R É D I E N T S

Par personne
2 tranches de pain d'épeautre,
beurre de baratte,
fleur de sel de Camargue,
1 truffe d'été,
papier film.

Beignets de Cèpes à la farine de lentilles

Je me suis très souvent posé la question : à quoi ressemble un champ de lentilles ? Je dois avouer que je n'en ai jamais vu !

La grande histoire concernant ce légume, est tout de même un célèbre épisode de l'ancien testament. Isaac et Rébecca attendaient la naissance de deux fils. Les enfants se querellaient dans le sein de Rébecca. Quand elle passait devant la porte d'une maison d'étude, Jacob voulait sortir et devant la porte d'un temple, Esaü à son tour, se manifestait...

Esaü naquit le premier, juste quelques minutes avant son frère, il n'en demeure pas moins que c'était lui l'aîné, énorme privilège en ces temps oubliés... Les enfants grandirent en se disputant quotidiennement. Esaü était le préféré de son père, mais Rébecca avait un faible pour Jacob.

Un jour, Abraham leur aïeul vint à mourir, à cette époque on avait l'habitude de faire cuire des lentilles quand quelqu'un mourrait, car la lentille est circulaire, comme la mort. Jacob prépara donc des lentilles. Esaü, de retour de la chasse était épuisé ; il avait en effet tué beaucoup de gibier. Il demanda à Jacob : «j'ai faim, donne-moi des lentilles». Mais son frère renâclait, il proposa alors : «j'ai si faim ! si tu me donnes un plat de lentilles, je te donne en échange mon droit d'aînesse...»

Il s'ensuivit une histoire très compliquée, les frères se séparèrent avec pertes et fracas.

Depuis, il est devenu d'usage traditionnel de considérer la Chrétienté comme représentant les descendants d'Esaü et les juifs comme représentant les descendants de Jacob.

Pour ma part, j'ai l'habitude de manger des lentilles tous les premiers de chaque mois, cette superstition est censée apporter richesse et bonheur chaque jour du mois...

BEIGNETS DE CÈPES
À LA FARINE DE LENTILLES

Dans une jatte mettez la farine, ajoutez la levure et les jaunes d'œuf un à un, la bière et l'huile, laissez reposer au moins une heure.

Tranchez les champignons en lamelles.

Au dernier moment ajoutez à la pâte les blancs d'œufs montés en neige très ferme.

Trempez les lamelles dans la pâte et frire à l'huile d'arachide.

Egouttez sur un papier absorbant et mangez très chaud.

I N G R É D I E N T S

750 g de Cèpes.
Pour la pâte :
25 g de farine de lentille, 3 œufs,
sel, poivre, une pincée de levure,
33 cl de bière blonde (une bouteille),
1 cuillère à soupe d'huile d'arachide.

CÈPES MARINÉS
AU VINAIGRE BALSAMIQUE ET AUX ÉPICES

Faites rendre leur eau aux champignons.

Dans une casserole à fond épais mettez l'huile, le vinaigre, le poivre, les herbes et les épices.

Laissez bouillir une quinzaine de minute.

Ajoutez les champignons bien essorés remuez.

Retirez du feu, laissez refroidir.

Servir sur des toasts grillés.

I N G R É D I E N T S

750 g de cèpes frais,
1 tasse d'huile d'olive,
1 tasse de vinaigre balsamique,
persil, coriandre et estragon frais hachés,
poivre, grains de coriandre, cardamome,
sel de camargue.

Cèpes marinés au vinaigre balsamique et aux épices

Vladas bouscule sa petite sœur :
«Dépêche-toi Stasé, finis vite de t'habiller si tu veux venir avec moi chercher des champignons. Je suis d'accord pour t'emmener mais nous devons arriver de bonne heure sinon nous ne trouverons plus rien.»

Stasé se presse, pour la première fois elle va accompagner son grand frère dans la forêt de Vilkaviskis où ils rejoindront les autres enfants du village. Les champignons c'est la grande affaire de l'automne. Toutes les familles de la région ramassent les cèpes et le soir portent leurs paniers à l'entrepôt de la mairie où des acheteurs venus de Vilnius ont installés de grandes balances. Les poids sont soigneusement notés et payés à la fin de la saison.

Les parents ont expliqué que les cèpes de Lituanie sont renommés dans le monde entier. Dans la capitale on les fait sécher, ensuite on les expédie partout en Europe, en France, en Italie, peut-être même en Amérique...

Maman elle aussi fait sécher des champignons. Elle les accroche sur de grandes ficelles dans la cuisine. Pendant l'hiver, elle les utilise pour farcir les cepelinai. Parfois elle va les vendre au marché.

Tous les enfants de l'école profitent de leurs loisirs pour participer au ramassage. Vladas ramène toujours les paniers les plus remplis. Il connaît des emplacements mystérieux et aujourd'hui il a promis d'y emmener sa petite sœur à la condition qu'elle ne révèle pas ses secrets.

Stasé a promis bien sûr, si tous les deux rapportent de gros paniers elle espère que Mamyté (petite maman) préparera les cèpes au vin aigre qu'elle adore.

Millefeuille de topinambours et de foie gras poêlé au jus de truffe

Le foie gras serait né sur les rives du Nil ! Dès l'Antiquité, les Egyptiens apprécient la chair savoureuse des oies venues passer l'hiver sur les bords du fleuve. Ils observent leur faculté naturelle à constituer des réserves de graisse avant d'effectuer le long voyage de retour. Ils mettent au point des techniques d'alimentation progressive.

Pendant longtemps, les Juifs d'Europe centrale sont réputés être les seuls à connaître le secret afin d'obtenir un beau foie gras. La viande d'oie n'étant pas frappée d'interdit religieux, ils utilisent également la graisse comme matière grasse.

Ce sont les Romains qui révè- lent les qualités gustatives du foie des oies, qu'ils nourris- sent de figues. Le foie engraissé deviendra en latin «Jecur Ficatum» (le foie dû aux figues). Il apparaît pour la première fois sur une table romaine au 1er siècle avant Jésus-Christ, lors d'un fabuleux banquet raconté par Horace.

De nombreuses populations de l'Empire Romain, et bien sûr nos ancêtres les Gallo-Romains, vont alors devenir les spécialistes de cette prépara- tion. Ensuite, pendant tout le Moyen-Age, ils consommeront des animaux engraissés et leurs foies gras sous différentes préparations. Dans de nombreuses langues régionales, des mots seront même synonymes de gavage.

Mme GARGANTUA À SON GRAND COUVERT

Aux XVIIème et XVIIIème siècles, la production de palmipèdes gras est une des bases de l'alimentation des paysans. En effet, la cuisson et la conservation des foies et viandes dans la graisse permet de constituer des réserves (le congélateur n'est arrivé que bien plus tard).

Le foie gras est aussi servi aux tables des rois et des Grands du Royaume sous l'ancien régime. Il atteint la célébrité à la table de Louis XV, grâce à une recette de pâté en croûte.

Il inspire les plus grands écrivains, tels George Sand et Alexandre Dumas, tous deux connus, il est vrai, comme d'incontestables gourmets.

Je me souviens m'être arrêtée dans un café à la campagne, nous n'avions pas eu le temps de déjeuner et nous avons demandé des sandwiches. La patronne s'est excusée de n'avoir plus de jambon ni de saucisson et s'est empressée de nous faire des casse-croûtes au foie gras que nous avons dégusté sur le zinc avec un verre de Buzet... Nous étions dans le Gers !

MILLEFEUILLE
DE TOPINAMBOURS ET DE FOIE GRAS POÊLÉ AU JUS DE TRUFFE

Epluchez les topinambours et coupez-les en tranches fines.
Jetez-les dans l'eau bouillante salée pendant 10 minutes, égouttez, réservez.

Ôtez le nerf du foie avec un couteau très pointu, coupez de fines escalopes que vous réserverez sur une assiette, filmez et mettez au réfrigérateur.

Faites réduire le bouillon de poule dans une casserole, et tout en le battant au fouet ajoutez le beurre, réservez au chaud.

Dans chaque assiette préparez une poignée de mesclun assaisonné d'une vinaigrette aromatisée de quelques gouttes d'arôme de truffe. Au centre de l'assiette posez l'emporte-pièce.

Dans une poêle antiadhésive passez les tranches de foie une minute de chaque côté.
Dans l'emporte-pièce alternez couches de topinambours, et couches de foie poêlé en tassant légèrement, retirez la forme. Battez encore le bouillon réduit et ajoutez 2 cuillères à soupe de jus de truffe, arrosez le millefeuille et servez immédiatement.

I N G R É D I E N T S

Pour 4 personnes
1 foie gras frais de 400 g,
1 kg de topinambours,
1e tasse de bon bouillon de poule,
1 cuillère à soupe de beurre,
4 formes rondes (emporte-pièce),
mesclun,
jus de truffe en boîte,
1 flacon d'arôme de truffe.

Soupe glacée aux légumes de Provence

Je passe, bien sûr, beaucoup de temps devant mes fourneaux, et comme nombre de cuisiniers, ensuite je n'ai plus faim ! Je me nourris donc très mal et de façon totalement déséquilibrée, grignotant ou goûtant le plat qui mijote.

Je pense souvent à ma grand-mère qui avait pour règle de manger trois kilos de fruits et une assiette de légumes par jour, et qui, j'en suis certaine, n'a jamais goûté un petit pois en boîte.

J'adore faire le marché, choisir soigneusement de beaux fruits et des légumes frais cueillis, seulement voilà : je ne trouve jamais le temps de les cuisiner pour moi !

Alors j'ai imaginé une recette express à mi-chemin entre soupe et cocktail, idéale pour les chaudes soirées d'été. Un vrai concentré de vitamines qui ne vous prendra pas beaucoup de temps, puisque tous les légumes sont crus. Vous pourrez la servir dans de grands verres décorés de tranches de citron, ou dans des assiettes placées quelques heures au congélateur.

Je la prépare dès le retour du marché.

SOUPE GLACÉE
AUX LÉGUMES DE PROVENCE

Plongez les tomates dans l'eau bouillante afin de les peler facilement.

Coupez tous les légumes en dés, passez au mixer l'ensemble des ingrédients.

Servez glacé, dans un saladier givré, décorez de feuilles de basilic ciselé.

I N G R É D I E N T S

Pour 4 personnes
3 tomates bien mûres,
1 poivron rouge, 1 tête de fenouil,
1 branche de céleri, 2 carottes,
1 citron entier, 1/2 concombre, 1 gousse d'ail,
2 cuillères à soupe de très bonne huile d'olive,
quelques feuilles de basilic frais,
2 cuillères à café de fleur de sel de Camargue,
2 tours de moulin à poivre,
gros comme une noisette de gingembre frais.

TARTE
AU FROMAGE DE CHÈVRE

Préchauffez votre four à 150°.

Etalez la pâte brisée dans une tourtière.

Dans une jatte, mélangez tous les ingrédients.

Garnissez votre tourtière.

Laissez cuire une trentaine de minutes.

C'est prêt.

I N G R É D I E N T S

Pâte brisée,
1 fromage de chèvre de 200 g, parmesan,
quelques feuilles de basilic,

3 œufs entiers et trois jaunes d'œuf,
250 ml de crème fraîche, sel, poivre,
une pointe de muscade, 1/2 gousse d'ail.

Tarte au fromage de chèvre

Ma grand-mère, fille aînée d'une grande famille, me racontait qu'il lui incombait le plus souvent la charge des derniers-nés. S'occuper de ses frères et sœurs lorsqu'on est soi-même une enfant et qu'on préférerait aller jouer avec les autres c'est quelquefois un peu contraignant !

Elle avait donc imaginé de déléguer ses responsabilités... aux chèvres de la ferme ! Dès que les parents étaient partis pour le travail des champs, elle filait à la bergerie et déposait les bébés dans la paille, sous le pis des cabrettes. Elle prétendait que chaque enfant reconnaissait sa chèvre-nourrice et réciproquement !

J'ai longtemps douté de la véracité de ses dires, puis j'ai trouvé ce texte de Montaigne (dans les Essais, chapitre 8) : «Les chèvres sont incontinent duictes à venir allaicter les petits enfants, recognoissent leur voix quand ils crient et y accourent ; si on leur présente un autre que leur nourrisson, elles le refusent ; et l'enfant en fait de même d'une autre chèvre». J'ai également appris qu'au XVIIème siècle, dans certains hospices d'enfants trouvés, une bergerie jouxtait la salle des berceaux. S'il faut croire l'historien qui rapporte : «chaque chèvre qui vient de paître, entre en bêlant et va chercher le nourrisson qui lui a été donné, relève avec ses cornes la couverture et enjambe le berceau pour donner à téter à l'enfant» force m'est aussi de croire les récits de ma grand-mère ! Si à cette époque l'instruction n'était pas de mise pour les paysans et moins encore pour les filles, il semble que de la nature elles savaient tirer des leçons de bon sens.

Ma grand-mère barattait la crème du lait pour faire le beurre de la semaine, peut être fabriquait-elle aussi des fromages avec le lait des chèvres après les tétées...

Tartare de saumon et de concombre à l'aneth

Mon fils, qui vit à «L'Isle Verte», près de l'embouchure du Saint-Laurent m'a raconté cette histoire : vers l'an mil, des pêcheurs basques lassés de rentrer bredouilles après avoir vidé la Méditerranée et l'Atlantique, décident de suivre les bancs de poissons (morue du Groenland, ou d'Islande) et découvrent un fleuve nommé «la rivière qui marche». Ils le rebaptisent «rivière aux morues» ou «grande rivière», tant elle leur paraît large. Ils y découvrent une foultitude de baleines. Il y en avait tellement qu'un missionnaire installé à «Cap aux os», au bout de la Gaspésie, racontera quelques décennies plus tard que le souffle des innombrables baleines l'empêchait de dormir ! En tous cas, les pêches y sont miraculeuses. Ils décident donc de s'installer. La colonie s'agrandit et s'étend peu à peu dans toute la vallée du fleuve et de son golfe et jusqu'à Terre-Neuve.

Les Basques ne sont pas des conquérants, mais des pêcheurs, des commerçants. Ils passent l'été à chasser la baleine dont ils récoltent la graisse, qu'ils transportent dans des tonneaux l'automne venu. Cette huile de baleine a éclairé la France durant des générations. C'était le pétrole de l'époque. Les Basques vivent en bonne entente avec la plupart des peuples autochtones. Ils sont là pour travailler. Ils payent leurs hôtes (droits de passage) et apprennent beaucoup de choses des Amérindiens, entre autres à fabriquer du sirop d'érable. On dit qu'ils ont eu des problèmes au moment de l'arrivée de Jacques Cartier, le «découvreur» du «Saint-Laurent», qui pourtant avait emmené des Basques à son bord parce qu'ils parlaient les langues locales. Néanmoins, ils ont continué à venir régulièrement en ce qui était devenu «La Nouvelle France», fuyant l'agitation du vieux monde. Beaucoup de noms de famille en Gaspésie ont une origine basque.

Au fil des années la grande rivière «découverte» par Jacques Cartier a reçu des appellations très diverses «France Prime», «Rivière du Canada», «Mayne River» avant que Champlain ne la baptise définitivement le «Saint-Laurent». Aujourd'hui dans la région de «l'Isle Verte» ou de «Trois Pistoles», on joue encore à la pelote basque et on pêche le saumon.

TARTARE
DE SAUMON ET DE CONCOMBRE À L'ANETH

Détaillez le saumon en très petits morceaux (surtout ne le passez pas au mixer).
Mettez-le dans un bol avec un jus de citron.
Ajoutez la moitié de l'aneth finement ciselé.
Un tour de moulin à poivre, une pincée de sel.
Couvrez le bol d'un film alimentaire et mettez au frais.
Détaillez le concombre épluché et égrené également en très petits morceaux.
Mettez-le dans une passoire et mélangez bien avec une c à s de sel fin.
Laissez reposer au frais.
Dans un bol mélangez la crème fraîche au reste d'aneth ciselé et au piment d'Espelette.
sDans chaque assiette déposez un emporte-pièce et remplissez à demi de concombre bien égoutté puis de saumon, tassez bien, retirez l'emporte-pièce.
Entourez d'un filet de crème fraîche à l'aneth. Décorez d'un brin d'aneth

I N G R É D I E N T S

Pour 4 personnes
400 g de saumon frais,
1 concombre, 1 bouquet d'aneth,
sel, poivre, piment d'Espelette,
1 pot de crème fraîche liquide,
1 citron.

COCOTTE
DE TRUFFES AUX LENTILLES ET BASILIC POURPRE

Dans une petite casserole faites fondre le beurre, ajouter la farine en tournant puis le lait bouillant.

Laissez épaissir quelques secondes puis versez la préparation dans un ramequin beurré et dans le fond duquel vous aurez déposé des rondelles de truffes et quelques feuilles de basilic.

Cassez les œufs sur la préparation, terminez par les tranches de truffes restantes et le basilic.

Mettez les ramequins dans un plat à four rempli d'eau.

Mettez au four à 170° environ 7 minutes (surveillez).
Servez accompagné d'une salade de mesclun.

I N G R É D I E N T S

Par personne
1 petit ramequin, 2 œufs très frais,
1/2 cuillère à café de farine de lentille,
4 cuillère à soupe de lait, 1 truffe (grosseur au choix !),
quelques feuilles de basilic pourpre, sel, poivre,
1 cuillère à soupe de beurre.

Cocotte de truffes aux lentilles et basilic pourpre

Au commencement était l'œuf...

Depuis l'Antiquité l'œuf représente le renouveau de la vie et le retour du printemps. Symbole des quatre éléments : la coquille évoque la terre ; la membrane, l'air ; le blanc, l'eau ; et le jaune, le feu.

Chez les Perses le nouvel an coïncide avec l'équinoxe de printemps et s'accompagne de festivités à l'occasion desquelles on colore et on offre des œufs. Dans la Chine ancienne, des œufs décorés sont offerts aux pauvres par les seigneurs charitables. Les chrétiens coptes d'Egypte, échangent des œufs de Pâques décorés dès les Xème et XIème siècles, les croisés nous ramènent cette coutume dans leurs bagages. On dit aussi que la coutume des œufs de Pâques se rattache à l'établissement du Carême. Dès le IVème siècle, l'église interdit la consommation d'œufs pendant 40 jours. Cependant les poules, non prévenues de l'interdiction, continuent à pondre... Pour conserver les œufs et reconnaître les plus vieux des plus frais, on les cuit et on les peint. La nuit précédant Pâques, les jeunes parcourent les villages en chantant, s'arrêtant devant chaque maison où on leur offre les œufs décorés. Cette tradition perdure en Lituanie et en Europe de l'Est. L'œuf coloré ou peint est toujours chargé de symboles : étoiles, soleils, svastika, cercles qui font partie d'un répertoire au même titre que la croix, le triangle, la ligne brûlée ou l'ondulation, motifs figuratifs, animaux et végétaux.

Dans les familles royales on améliore un peu les œufs : Edouard 1er d'Angleterre les fait recouvrir de feuilles d'or avant de les offrir aux membres de sa famille. Louis XV offre à Madame du Barry un énorme œuf de Pâques contenant une statuette de Cupidon. Enfin le tsar Alexandre III commande à Fabergé un œuf en or émaillé de blanc et contenant une poule miniature. Le tsar apprécie tant le travail de l'orfèvre que 44 autres commandes suivront, établissant la célébrité de Fabergé.

En France les enfants ne venant plus chanter aux portes depuis bien longtemps, ce sont aujourd'hui les cloches qui se chargent de récolter les œufs et les cachent dans les jardins au matin de Pâques !

Soupe de Potiron

La soupe apparaît dès qu'apparaît le feu : l'homme creuse un trou dans la terre, y jette quelques pierres chauffées et y ajoute des aliments.

Soupes acides aux feuilles de bouleaux, soupes consistantes de céréales en Europe Centrale. En Grèce, la soupe de lentilles est servie avant la bataille. En Chine, les paysans se réchauffent de soupes de riz et de fèves. Les Byzantins apprécient les soupes de poissons aux légumes, très relevées et sucrées de miel. La soupe noire très poivrée à base de gibier, d'herbes, de miel et de vin est la préférée des Romains. En Corse, on se régale de soupe de châtaignes blanches séchées cuites dans du lait de chèvre.

Au Moyen-Âge, la «soupe» est la tranche de pain sur laquelle on verse du liquide bouillant provenant du «potage» (ce qui a cuit dans le pot). «On trempe la soupe».
Les avis différent quant à l'origine du mot : s'agit-il de la «suppa» en francique hérité du néerlandais «sopen : tremper», ou bien du sanscrit, «sû» et «pô» : «bien nourrir» ?
De toutes façons, la médecine lui reconnaît des vertus thérapeutiques, elle prescrit, avant toute autre potion, du bouillon de poule. L'École Médicale de Salerne lui préfère la soupe au vin. Ambroise Paré ordonne à ses patients le bouillon de coq et de jarret de veau.
On dit que Jeanne d'Arc aimait tellement la «dodine rouge», soupe de pain blanc rôti bien roux et trempé en fort vin vermeil, qu'elle la réservait aux jours de fête. Louis XV se fait servir des «potages de plaisir», de simples soupes de légumes en provenance de son célèbre potager.
Plat unique, roboratif et généreux, la soupe a nourri des générations de paysans. Mon grand-père né au début du siècle, me racontait que la soupe était le petit déjeuner de son enfance et qu'il a eu beaucoup de difficultés à la remplacer par un bol de café au lait.

SOUPE
DE POTIRON

Lavez le potiron, épluchez et taillez-le en gros cubes. Même chose pour les carottes.

Dans une cocotte, faites fondre un oignon émincé au beurre, ajoutez les dés de potiron et les carottes, laissez suer quelques minutes.

Ajoutez le lait tiède dans lequel vous aurez fait infuser le safran.

Salez, poivrez.

Laissez cuire tout doucement une vingtaine de minutes.

Passez au mixer, ajoutez la crème et la pointe de muscade. Laissez cuire quelques instants.

Servez chaud avec des croûtons.

I N G R É D I E N T S

Pour 4 personnes
500 g de potiron, 500 g de carottes,
1 pot de 250 g de crème fraîche épaisse,
2 oignons, 50 g de beurre , 1/2litre de lait,
quelques filaments de safran,
une pointe de couteau de muscade, croûtons.

Les Plats

L'aile de raie en aillée

A l'aube de notre millénaire, l'Eglise impose 160 jours maigres dans l'année, vendredi et samedi de chaque semaine, veille et jour de grandes fêtes, 46 jours de carême, certains fidèles se font un devoir d'y ajouter le mercredi...

Dans ces conditions, il faut faire preuve d'imagination, fort heureusement, les cuisiniers en sont largement dotés... Car s'il faut trouver mille et une façons d'accommoder le poisson, n'oublions pas que les jours de grand carême, toute denrée d'origine animale est également bannie. Adieu lait, beurre et "saing de lart" (saindoux) tant apprécié au Moyen-Âge. On les remplace en ces jours de recueillement par lait d'amande et laitance de poisson salé, porée de pois et sauce aux herbes.

Certes le poisson abonde à cette époque, mais les transports sont difficiles, la demande est grande et à la fin du marché on se contente de ce qui reste à l'étalage. Si le Libre de Sent Sovi (premier traité culinaire écrit en occident) cite une cinquantaine de variétés, la plupart des auteurs laissent libre choix de l'espèce à utiliser, tout au plus parlent-ils de «petits poissons» ou de "gros poissons"

A la campagne, il est fort probable qu'on ignore le poisson de mer et certains ouvriers riverains de la Loire, font préciser dans leur contrat d'embauche qu'ils refusent de manger plus de 5 fois par semaine du saumon, dont le fleuve regorge !

J'ai, dans cette recette de l'aile de raie, trahi l'esprit du carême puisque j'y ajoute un peu de crème fraîche. Libre à vous de l'interpréter de façon plus austère ou de la déguster un «jour gras», ainsi il n'y aura pas de péché !

AILE DE RAIE
EN AILLÉE

Préparez l'aillée : pour cela mixez les amandes, l'ail, le persil, un verre d'eau, sel et poivre, réservez.

Pochez l'aile de raie dans une casserole d'eau salée et vinaigrée, 5 minutes suffisent.

Dans une poêle versez l'aillée, ajoutez la crème fraîche, et amenez lentement à ébullition.
Laissez frissonner 1 minute

Ajoutez la raie, juste le temps de la retourner dans la poêle.

Servez accompagné de riz blanc nature et saupoudré de persil haché.

I N G R É D I E N T S

1 aile de raie par personne,
150 g d'amandes en poudre,
2 gousses d'ail épluchées et dégermées,
1 bouquet de persil plat,
1/2 verre à moutarde de crème fraîche épaisse,
sel, poivre.

LES COQUILLES

SAINT-JACQUES À LA CRÈME DE CORAIL

Réservez quelques corails prélevés sur les noix.

Dans une poêle, faites chauffer le beurre, et raidir les noix de Saint-Jacques très brièvement.
Arrosez avec le cognac, flambez, retirez les noix.

Dans la poêle versez la crème fraîche, la purée de tomate, salez, poivrez. Laissez frémir quelques minutes, puis ajouter le corail réservé que vous aurez écrasé à la fourchette.

Ajoutez les noix de Saint-Jacques.
Poursuivez 1 minute la cuisson, surtout pas plus longtemps, les noix se transformeraient en caoutchouc !

Servez immédiatement accompagné de pâtes fraîches, et parsemé d'aneth haché.

I N G R É D I E N T S

Noix de coquilles Saint-Jacques
(selon votre appétit ou votre gourmandise),
une noix de beurre,

1 verre à dessert de cognac,
1 petit pot de crème fraîche, sel, poivre,
1 cuillère à café de purée de tomates,

Les Coquilles Saint-Jacques à la crème de corail

Pour un enfant des Bouches-du-Rhône, CUCURON, ça n'existe pas ! On en parle pourtant, on parle même de CUCURON-les-OLIVETTES c'est le TRIFOUILLIS-les-OIES des enfants du Nord : c'est loin et ce n'est pas vrai !

CUCURON existe, je l'ai découvert en m'installant dans le Luberon. Il est situé après la combe de LOURMARIN, cette combe un peu mystérieuse où, dit-on, une dame blanche fait de l'auto-stop les nuits de pleine lune et protège les conducteurs serviables alors qu'elle précipite les égoïstes dans le plus proche ravin !

CUCURON est à quelques kilomètres de LOURMARIN et de son château, c'est un village charmant qui a inspiré DAUDET pour son curé de CUCUGNAN.

Le donjon et l'église romane méritent le détour, ainsi que la magnifique fontaine sous sa voûte de platanes centenaires.

Dans ce petit village, j'ai retrouvé un vieil ami, qui m'a beaucoup aidé lors de mon installation. Le hasard a voulu que lui aussi soit devenu restaurateur. Je vous conseille vivement de retenir une table aux «TEMPS MODERNES», on y mange divinement bien, et Xavier vous recevra comme des amis. C'est pour moi une façon de lui rendre hommage que de vous faire découvrir l'une de ses recettes.

Parmentier de morue aux poireaux

Hé non la morue n'est pas méditerranéenne ! Cabillaud, merluche ou morue, ce gros poisson nous vient des mers froides...

Elle serait arrivée dans nos contrées au Moyen-Âge. Les pêcheurs de l'océan glacial arctique venaient alors s'approvisionner dans les «ports du sel», Aigues-Mortes en particulier, pour conserver les morues pêchées dans leur pays.

Le troc étant monnaie courante, ils échangeaient morues préparées (stificho) contre sacs de sel !

Elle a séduit les Provençaux jusqu'à devenir l'emblème de leur cuisine. Indispensable au «gros souper» de Noël, où les sept plats maigres figurent les sept douleurs de la Vierge Marie, elle devient symbole de fête au grand aïoli dominical. Pagnol traduit à sa façon le stificho norvégien, en faisant dire à César, qui s'adresse à son fils Marius : «si tu continues à lire comme ça, tu finiras par devenir maigre comme un stoquefiche».

Aujourd'hui encore les recettes pour préparer la morue sont multiples en Provence. De la brandade aux beignets, chaque famille a ses secrets, même si l'on ne comprend pas que ce plat du pauvre soit devenu si cher !

Pour ce parmentier de morue, je me suis largement inspirée des souvenirs de deux vieilles dames provençales depuis des générations...

PARMENTIER
DE MORUE AUX POIREAUX

La veille :
Faites dessaler la morue dans une passoire sous un filet d'eau courante (au moins 24 heures).

Le jour même :
Epongez la morue soigneusement, puis farinez-la dans une assiette et faites la frire à la poêle. Réservez.
Dans une cocotte en fonte, mettez l'huile d'olive et laissez revenir les poireaux en remuant souvent environ 15 minutes. Ajoutez la morue émiettée, épluchée et sans arête. Couvrez de lait, poivrez (ne salez surtout pas !), ajoutez le thym, laurier et olives. Laissez mijoter 40 minutes. Pendant ce temps épluchez les pommes de terre et faites les cuire à l'eau salée. Puis écrasez-les au moulin à légumes (pas au mixer), ajoutez le lait. La purée doit rester très ferme. Ajoutez une pointe de muscade.
Beurrez un plat à four. Versez-y la moitié de la purée, puis la morue aux poireaux, et terminez par une couche de purée. Tassez avec une cuillère de façon irrégulière (c'est plus joli).
Saupoudrez de fromage râpé, d'un soupçon de chapelure, et de noisettes de beurre. Faites gratiner 1/4 d'heure à 180°.

I N G R É D I E N T S

1 kg de morue salée,
1 kg de blanc de poireaux,
1 kg 1/2 de pommes de terre,
200 g d'olives vertes dénoyautées,
200 g de fromage râpé,
chapelure,
noisettes de beurre,
1/2 litre de lait,
1 verre de lait pour la purée,
1/2 cuillère à café de muscade râpée,
poivre, thym, laurier,
1 cuillère à soupe de farine,
farine (pour fariner la morue),
huile de friture,
2 cuillères à soupe d'huile d'olive.

EMINCÉ
DE BASSE COUR À LA FLEUR DE THYM DES CLAPARÈDES

Coupez les trois viandes en fines lanières. Saisissez-les à la poêle dans le mélange beurre-huile, sans les laisser trop cuire. Réservez.

Dans une autre poêle versez la crème fraîche, sel, poivre, cannelle, gingembre, portez à ébullition très lentement.
Ajoutez les fleurs de thym et les lanières de volaille (dinde et poulet).
Laissez frémir à feu très très doux 5 à 6 minutes.
Ajoutez les lanières de canard, poursuivez une minute.

Servez avec des pâtes fraîches ou du riz de Camargue nature.

Fermez les yeux... Savourez le mois de mai sur... Le plateau des CLAPARÈDES.

I N G R É D I E N T S

Escalopes de dinde,
escalopes de poulet fermier,
aiguillette de canard,
1 cuillère à soupe d'huile d'arachide,

1 noix de beurre, sel, poivre,
1 pot de crème fraîche épaisse,
2 cuillères à café de cannelle
en poudre,

1/2 cuillère à café de gingembre
en poudre,
une tasse de fleurs de thym
des CLAPARÈDES.

Emincé de basse cour à la fleur de thym des Claparèdes

BONNIEUX est un village manège : il tourne, tourne, jusqu'au Plateau des CLAPARÈDES, tout en haut ! Endroit magique où les jours de mistral le vent règne en maître absolu.

En ce lieu magique vit une magicienne : AlexandrA ! Vous ne passerez pas à côté de sa maison sans la remarquer. Dans son jardin fleurissent les carreaux précieux d'APT, la vaisselle cassée de ses amis, les pianos désaccordés, les étagères anciennes de boulanger dans une invraisemblable explosion de couleurs.
AlexandrA au centre de ce jardin extraordinaire ponce, polit, dessine, colle, couverte de poussière de marbre ou de faïence, et le charme opère... Sous ses mains naissent des objets, meubles, vases, lampes, rosaces, insolites et uniques.
Aux premiers jours de mai, je suis montée jusque chez elle. La colline était bleu tendre avec des nuances de pourpre et de violet : le thym en fleurs ! Des millions de fleurs mousseuses sur de petites pousses dures et cassantes. L'odeur était indicible, tellement forte et tellement douce, si vive et si tendre !
Bien sûr j'ai rempli un énorme panier, une véritable vendange de parfums. Je suis rentrée dans ma cuisine étêter toutes ces petites branches...

Le Calamantran

Ma grand-mère m'a souvent reproché, lorsque j'étais adolescente, de ressembler à un calamantran, simplement parce que je sacrifiais à une mode qu'elle ne trouvait pas forcément convenable (jeans troués ou maquillage un peu appuyé).

Dans les Bouches-du-Rhône on dit «calamantran», mais ici dans le Vaucluse, on respecte davantage l'origine de ce mot en prononçant «caramantran».

Le carême-entrant, c'est la fin du carnaval, l'entrée en période de jeûne et d'austérité. Bien sûr, on célèbre comme il se doit la fin de cette période libératoire en faisant bombance une dernière fois, puisque de toutes façons, ce bonhomme qui ressemble à un épouvantail, grimé et vêtu de haillons ridicules est chargé de tous nos péchés, une sorte de bouc émissaire. On le brûlera solennellement le soir même effaçant ainsi toutes nos offenses à Dieu et nos excès de toutes sortes.

Demain il sera temps de manger de l'Aïgo Boulido puisque :

«Quand carnaval s'en vai, se fau mestre à l'ail...»

Quand vous déguiserez votre poulet de jambon cru, si vous avez de petites choses à vous reprocher, pensez-y très fort...qui sait, le marc de Provence en flambant le poulet, les détruira peut-être, à l'instar du calamantran...

LE CALAMANTRAN

Habillez chaque cuisse de poulet d'une tranche de jambon. Ficelez le petit paquet.

Dans une cocotte en fonte chauffez l'huile d'olive. Dorez les morceaux de poulet. Ajoutez ail, oignons, poivrons. Versez le marc de Provence et flambez.

Ajoutez les champignons bien nettoyés, poivre, thym, laurier, très peu de sel.

Laissez mijoter 40 minutes à feu doux

Avant de servir n'oubliez pas de retirer la ficelle.

INGRÉDIENTS

1 cuisse de poulet par personne,
1 tranche de jambon de Bayonne par personne,
300 g de champignons de Paris,
1 poivron rouge en dés, 1 poivron vert en dés,
1 poivron jaune en dés, 4 oignons émincés,
3 gousses d'ail épluchées et écrasées,
3 cuillères à soupe de marc de Provence,
3 cuillères à soupe d'huile d'olive,
sel, poivre, thym, laurier,
ficelle à rôti.

AMBROISINE
DE POULET AUX FRUITS SECS ET AU LAIT D'AMANDE

Préparez le lait d'amande :
Passez au mixer les amandes en poudre, le bouillon de poule, 2 verres à moutarde d'eau. Filtrez à l'aide d'un chinois. Réservez.

Dans une sauteuse faites légèrement dorer les morceaux de poulet, puis les oignons. Ajoutez le lait d'amandes et le vin blanc préalablement bouilli et flambé. Salez, poivrez.
Couvrez et laissez cuire à feu doux 20 minutes.
Epicez, ajoutez les fruits secs, le miel, le vinaigre.

Poursuivez la cuisson 10 minutes.

I N G R É D I E N T S

1 poulet fermier en morceaux,
3 oignons émincés, Vin blanc sec,
1 verre à moutarde de bouillon de poule,
150 g d'amandes en poudre,
3 bâtons de cannelle,
1 cuillère à café de muscade râpée,

1 clou de girofle, 8 figues sèches,
1 verre à moutarde de raisins secs,
une dizaine de pruneaux,
2 cuillères à soupe de miel liquide,
1 cuillère à soupe de vinaigre balsamique,
2 cuillères à soupe d'huile d'arachide.

Ambroisine de poulet aux fruits secs et au lait d'amande

Maman venait du froid, d'un pays qui m'a fait rêver toute mon enfance : de Lituanie... Cette lointaine contrée dont j'ignorais tout, a enflammé mon imagination de petite fille. J'avais même inventé une légende :
Les sapins à l'origine étaient des arbres comme les autres, avec des branches levées vers le ciel. Un triste jour la princesse héritière de Lituanie dût se séparer de son fiancé, envoyé à la guerre par le roi son père, afin de défendre le royaume contre les Polonais. La princesse se réfugia dans la forêt pour donner libre cours à son chagrin. Les sapins, touchés par ses pleurs si sincères, s'inclinèrent vers elle, afin de la protéger, et de la consoler... Le fiancé revint. Ils se marièrent et eurent beaucoup d'enfants. Jamais ils n'oublièrent la compassion des sapins. Ils décidèrent de faire de cet arbre le symbole de la joie et ils «inventèrent» le sapin de Noël...

Maman elle-même, me semblait être une princesse, si blonde, aux yeux si clairs, dans mon univers de méditerranéens ! Son accent, qu'elle a conservé toute sa vie, m'enchantait. Je regrette aujourd'hui qu'elle ne m'ait jamais parlé cette langue si particulière, probablement l'une des plus anciennes de notre planète et proche du sanskrit.

Comme beaucoup de Baltes, Maman était très hospitalière et possédait l'esprit de «roulotte». Elle travaillait beaucoup, n'était pas riche, pourtant dans mon enfance la maison était toujours remplie d'amis. En revanche, la cuisine était loin de la passionner... Si je me suis régalée de sprats ou de harengs fumés, j'ignore toujours tout du cepelinai (boulettes de pomme de terre, de viande, et de champignons cuites à la vapeur) ou des koldûnai (raviolis lithuaniens).
Maman adorait le poulet, j'en ai beaucoup mangé... Lorsqu'elle venait en vacances, au restaurant, je ne suis pas certaine de lui avoir servi autre chose que cette recette d'ambroisine, largement inspirée du Moyen-Âge, qui la ravissait.

La Cévenole

Il est probable que les châtaignes furent un des premiers aliments de l'homme.

Les Romains de toutes classes sociales en faisaient grande consommation et le seul livre de cuisine qui nous vient de l'Antiquité «APICIUS» (environ 30 ans avant JC), nous parle de lentilles aux châtaignes. Ce sont ces mêmes Romains qui en conquérant la Gaulle nous amènent les châtaigniers. Le climat des Cévennes semble leur convenir tout à fait et les moines entretiendront les arbres au cours des siècles.

La pomme de terre nous était alors inconnue et les purées et autres bouillies étaient souvent de châtaignes qu'il suffisait d'aller ramasser dans les bois. Les arbres eux, fournissent les charpentes des églises, imputrescibles et éloignant les insectes, c'est un matériau de choix.

Si vous voulez vérifier que le goût de ces fruits n'a pas changé, allez donc en Sicile. Un châtaignier de 3500 ans, dont le tronc mesure 51 mètres servit de refuge à une armée composée de 100 chevaux.

Légende ? Peut-être, mais l'arbre existe toujours, on l'appelle l'arbre aux cent chevaux !

LA CÉVENOLE

Nettoyez les foies et coupez-les en dés.
Faites-les revenir dans la graisse d'oie, juste le temps de les raidir.
Retirez-les de la poêle.

Dans la graisse, faites dorer légèrement les oignons, puis dans l'ordre lardons, châtaignes et champignons nettoyés.
Remettez les foies.
Couvrez de crème fraîche. Salez, poivrez, épicez.

Laissez 10 minutes à feu doux, en remuant souvent.
Servez avec des pâtes fraîches ou mieux, avec des pâtes à la farine de châtaignes.

I N G R É D I E N T S

3 cuillères à soupe de graisse d'oie,
foies de volaille (100 g par personne),
200 g de lardons fumés,
2 oignons finement émincés,
1 boîte de châtaignes au naturel,
champignons des bois (selon la récolte),
1 verre à moutarde de crème fraîche liquide,
2 cuillères à café de cannelle en poudre.
1 cuillère à café de gingembre en poudre,
sel (attention les lardons sont salés), poivre.

CIVET DE PORC
AU GINGEMBRE FRAIS, AU MIEL ET AUX AMANDES

Dans une cocotte en fonte chauffez l'huile d'olive et faites dorer les morceaux de porc (c'est assez long), puis les oignons. Pendant ce temps faites bouillir le vin dans une casserole et flambez-le.

Lorsque viande et oignons sont bien dorés, ajoutez le vin flambé et laissez cuire à couvert 2 heures à feu doux. Salez, poivrez, thym, laurier, clous de girofle, sauge et muscade.

Laissez cuire à nouveau 30 minutes.
Epluchez et râpez le gingembre, ajoutez-le à la viande ainsi que le miel et le vinaigre balsamique. Laissez mijoter 10 minutes.

Juste avant de servir ajoutez les amandes.

I N G R É D I E N T S

Civet de porc en petits dés (150 g par personne),
3 cuillères à soupe d'huile d'olive,
4 oignons émincés, vin blanc sec,
thym, laurier, 3 clous de girofle,
1 branche de sauge fraîche, sel, poivre,

1 pointe de couteau de muscade râpée,
200 g d'amandes émondées,
1 rhizome d'environ 3 cm de gingembre frais,
3 cuillères à soupe de miel liquide,
2 cuillères à soupe de vinaigre balsamique ou de verjus.

Civet de porc au gingembre frais au miel et aux amandes

A première vue le plant de gingembre ressemble beaucoup à un glaïeul, mais ce qui nous intéresse, c'est sa partie souterraine : les rhizomes, ce sont eux que nous connaissons en France depuis les environs de l'an mil. Il est nettement moins cher que le poivre et l'on en fait dès lors grand usage.

Si Taillevent nous donne moult recettes relevées au gingembre (souvent nommé «l'épice blanche») Villon ne craint pas de vanter ses vertus dans son Testament.

A la Renaissance, le gingembre se fait oublier, du moins en France, car les Anglais demeurent de grands consommateurs de cette épice à l'arôme chaud et légérement boisé.

Achetez le frais, il se conserve très facilement, épluchez le au dernier moment et râpez-le avec une petite râpe à muscade. Il relèvera une tarte aux poires, une tranche de poisson, ou un sauté d'agneau.

En poudre vous l'ajouterez à vos daubes de bœuf, vos rôtis de veau. Une pointe de couteau jetée dans une crème fraîche à ébullition, et vous obtiendrez une sauce délicieuse pour des légumes vapeur.

Le Couscous du Luberon

En l'an 632 disparaît Mahomet, le prophète. Il a réussit cette gageure d'unifier l'ensemble des tribus et des villes arabes, la conquête peut débuter...

Les Arabes s'installent à CORDOUE en 711, la tolérance de l'envahisseur permet la coexistence des cultures et la dynastie des Omeyades développe un art de vivre inconnu chez les hispaniques, les rues des villes sont, non seulement propres et pavées, mais encore éclairées la nuit ! On crée des écoles pour les pauvres, on construit des ponts et des aqueducs, les bibliothèques espagnoles comptent 400 000 volumes, Cordoue devient un centre culturel international,

Vers l'an mil l'unité arabe amorce son déclin, les 3 califats, Bagdad, Le Caire et Cordoue s'opposent, l'Islam s'affaiblit. L'Europe prend la relève et part à son tour en croisades... Les Arabes sont repoussés mais laissent à l'Europe des merveilles architecturales, le jeu d'échecs, de nouveaux mots (café, sofa, bergamote, mat) et... des recettes de cuisine. En Catalogne au Moyen-Age, on mange le «cuscusso», une semoule de blé grossièrement concassée. Etait-elle de blé ou de petit épeautre ? Celle des pauvres, simplement cuite à l'eau et aux «herbes fraîches», il y a fort à parier qu'elle provenait effectivement de cette humble céréale pilée à la maison. Celle des riches, accompagnée de gallines et de chapons, était peut-être d'un blé plus raffiné

Le cuscusso est l'exemple type de ce qu'est un «potage» au Moyen-Age :
Cuit dans un pot, c'est le plat complet composé selon les moyens de chaque foyer, de «feuilles et racines» du jardin, de céréales, de volailles de la basse-cour familiale, ou du produit de la chasse, qui, jusqu'au 12ème siècle, est ouverte à tous, librement et gratuitement.

Pour en relever la saveur, le manant utilise les simples de son jardin : basilic, persil, ail et oignon ; dans les classes plus aisées, le bourgeois ajoute «foyson» d'épices à son brouet.

LE COUSCOUS
DU LUBERON

Dans une marmite à fond épais faites revenir l'agneau, les oignons, l'ail.
Quand le mélange est doré, ajouter les tomates épluchées et le coulis de tomates, puis les épices, remuez avec une grande cuillère de bois afin que les épices imprègnent bien la viande.
Couvrez d'eau et ajoutez les carottes, le chou, les navets, laissez cuire doucement et à couvert pendant 40 minutes environ.
Ajoutez les autres légumes et les herbes hachées, continuez la cuisson, jusqu'à ce que les courgettes soient tendres.
Pendant ce temps vous aurez fait cuire le petit épeautre, et rôtir les morceaux de poulet au four.
Servez les viandes entourées de légumes et de petit épeautre.
Dans l'assiette arrosez de crème de basilic.

I N G R É D I E N T S

4 morceaux de poulet,
700 g de collier et de poitrine d'agneau,
Saucisses d'agneau
(demandez à votre boucher),
4 carottes, 4 courgettes, 4 navets,
1 chou, 4 topinambours, 2 aubergines,

4 oignons, 3 tomates,
1 tête d'ail non épluchée mais détaillée en gousses,
2 cuillères à soupe de coulis de tomates,
Sel, poivre, 4 clous de girofle,
Muscade 1 cuillère à café,

Cannelle, cumin, gingembre,
2 cuillères à café de chaque,
1 cuillère à soupe d'épices à couscous,
Coriandre et persil frais hachés,
Huile d'arachide,
200 g de petit épeautre de Sault.

Daube de bœuf à la cardamome

On vous a raconté que nos «falaises d'or et de sang» devaient leurs couleurs à des minerais... On vous a expliqué l'ocre, sa composition, son histoire, son exploitation... Vous êtes sceptiques ? Vous avez raison !

La véritable histoire, celle que le Papé raconte encore les soirs d'hiver, la voici :
Il était une fois, il y a fort longtemps, dans le village de ROUSSILLON, une jeune fille nommée SIRMONDE. Les fées l'avaient dotée de la beauté, de la bonté, de l'intelligence, et de la sagesse. Elles avaient également placé auprès d'elle un compagnon, Guillaume de CABESTANG le troubadour. Les enfants grandirent ensemble, partageant jeux et fabliaux. De tendres liens les unissaient, ils s'aimaient.
Bien que ce siècle fût celui de la chevalerie et de l'amour courtois, le seigneur de ROUSSILLON, Raymond d'AVIGNON était un soudard, brutal et méchant, maltraitant ses gens pour se réjouir de leurs souffrances, cruel et féroce, chassant pour le seul plaisir de tuer.
Tout comme il forçait le gibier, il obligea Sirmonde à l'accepter pour époux. La malheureuse conserva près d'elle Guillaume, devenu page de son seigneur. Il était sa seule consolation, il partageait ses peines, apaisait ses pleurs.

Un jour... Raymond les surprit, tendrement enlacés... Fourbe et perfide, il convia le page à une chasse à courre... Dans le val des fées, lieu magique et domaine des elfes, les marraines de Sirmonde, il mit pied à terre, invitant son compagnon à l'imiter. Il n'y avait là aucun gibier, mais Guillaume n'osa point désobéir. Raymond se jeta sur lui et de son couteau de chasse, lui ouvrit la poitrine, s'emparant de son cœur.
De retour au château, il pria son épouse à un somptueux festin où l'on servit des viandes délicates sur un lit de thym et de romarin. Sirmonde tremblante devant son seigneur, inquiète de l'absence du troubadour, étonnée des attentions soudaines de son époux, partagea le repas qui se poursuivit fort tard dans la nuit. L'aube naissait... Raymond, dans un éclat de rire, annonça à Sirmonde qu'elle venait de manger le cœur de son amant. Pâle comme l'aurore, la dame se leva, ses peurs s'étaient évanouies, elle regarda son époux et dit : «Il était en effet délicieux, de ma vie, et à jamais je n'en veux goûter d'autre».
Elle quitta la salle, et avant qu'on l'eut pu retenir, se précipita du haut de la falaise...
Son corps ne fit qu'effleurer le sol. A l'endroit précis de sa chute jaillit une source d'eau pure et cristalline. L'écho de l'onde, si vous prêtez l'oreille vous l'entendrez, se mit inlassablement à répéter... je t'aime... je t'aime...

Les fées retournèrent dans le val, recueillirent le sang du gentil damoiseau et le répandirent sur la terre, les rochers et les falaises afin qu'à jamais on se souvienne de l'amour de SIRMONDE et de GUILLAUME, réunis pour l'éternité. Ces falaises d'or et de sang célèbrent la gloire de l'amour et de cette belle histoire.

ROUSSILLON évidemment, est particulièrement cher à mon cœur.
C'est au centre du village qu'est mon restaurant, sur cette petite place de la «maison commune» qui, dès les premiers beaux jours, est interdite aux voitures et devient le principal centre d'animation. Feux de la Saint-Jean, bals du 14 juillet ou du 15 août, chanteurs et musiciens, et bien sur, jeux de boules ; tout se passe sur la place Camille Mathieu !
Il faut prendre le temps de flâner dans le haut-village, explorer les petites rues qui reprennent vie après une longue période de dépeuplement.
Roussillon à la fin du siècle dernier comptait 1500 âmes, essentiellement des ocriers employés à l'usine Mathieu, beaucoup d'Italiens se sont implantés dans le village à cette époque où il y avait du travail pour chacun. Les commerces fleurissaient : jusqu'à 7 boulangers, 2 bouchers, 3 épiciers, et même 6 tailleurs, 5 cordonniers, et 1 chapelier !
Les fêtes étaient fréquentes après le dur travail aux ocres. Il y avait bal tous les samedis soirs, et sur le pas de la porte, «à la fraîche», les voisines épluchaient ensemble les cocos de la soupe au pistou. J'ai eu la chance de rencontrer un vieux monsieur, aujourd'hui disparu, qui pendant de longues soirées me racontait son village.

La réédition tant attendue de «Un village du Vaucluse» de Laurence Wylie vous apprendra tout ce que vous avez toujours voulu savoir sur Roussillon ! Roussillon revit grâce aux Suisses, aux Allemands, aux Parisiens qui au fil des années se sont laissés séduire par ces maisons en ruines.
Grâce à des passionnés qui font revivre l'ancienne usine d'ocre (visite indispensable), d'autres recommencent à travailler les vignes, et produisent un «Luberon» merveilleux comme le domaine de Château-Blanc. Serge Chasson vous recevra toujours avec le sourire et vous fera goûter son côtes du Luberon rosé, fruité et sec tout à la fois, qui se marie si bien avec les plats de l'été. Allez donc le voir de ma part, la propriété est à la sortie du village en direction de Saint- Saturnin. Essayez son côtes du Luberon rouge (Syrrah et Grenache, passé en fût de chêne). Je n'en utilise pas d'autre pour faire la daube... Et bien sûr pour l'accompagner à table...

DAUBE DE BŒUF
À LA CARDAMOME

Dans le plat en terre disposez la viande, les carottes, les oignons, le céleri, les gousses d'ail, les clous de girofle, le thym et le laurier.

Ajoutez le vin qui doit recouvrir tous les ingrédients.

Fermez le plus hermétiquement possible, faute de couvercle, utilisez du papier d'aluminium.

Posez le plat dans votre four froid, puis réglez le thermostat sur 2 et... allez faire autre chose pendant au moins 12 heures !

Il est temps d'ajouter à la préparation le sel, le poivre, les gousses de cardamome grossièrement écrasées, et le gingembre en poudre.

Cette fois c'est sur le feu, mais très doux, que vous allez oublier votre plat, et pour au moins 4 heures, pendant lesquelles vous pourrez préparer le reste de votre repas.

Une demi-heure avant de servir, il vous suffira de jeter dans la terrine le chocolat noir.

I N G R É D I E N T S

Bœuf en dés (culotte, gîte, jarret) 200 g par personne,
4 carottes épluchées, coupées en rondelles,
4 oignons émincés,
3 branches de céleri coupées en dés,
6 gousses d'ail en chemise (non épluchées),

Sel, poivre, 3 clous de girofle, thym, laurier,
2 cuillères à café de gingembre en poudre,
Une dizaine de gousses de cardamome,
Chasson rouge, 3 carrés de chocolat noir,
Plat creux en terre.

L'Agneau au miel

A moi qui adore les contes et les légendes, le miel offre mille et une occasions de rêver...

Zeus s'ennuyait ferme sur l'Olympe. Certes le nectar et l'ambroisie coulaient à flots. Orphée le charmait de sa lyre et ses chants, les muses ne cessaient de danser pour lui, mais la répétition engendre l'ennui, même pour un dieu... Aussi, pour se distraire, il lui arrivait d'entraîner Hermès, le plus amusant de tous les dieux, dans des escapades incognito, sur la terre.

Ce jour-là leur expédition avait un but bien précis : le dieu des dieux voulait tester l'esprit d'hospitalité du peuple phrygien... Tous deux vêtus comme de pauvres vagabonds se promenèrent à travers le pays, frappant à chaque porte, demandant de quoi subsister et un coin pour se reposer, mille fois ils furent congédiés avec insolence ou mépris...
Avant de rejoindre l'Olympe ils tentèrent un dernier essai, la porte de la pauvre masure où ils frappèrent s'ouvrit toute grande et on les pria d'entrer. Ils durent baisser la tête tant la porte était basse pour pénétrer dans une pièce chaude, accueillante et si propre...

Un vieil homme poussa un banc près de l'âtre et les invita à reposer leurs membres fatigués, une vieille femme leur apporta une couverture afin de couvrir leurs épaules. Il se nommait Philémon, elle s'appelait Baucis. «Nous sommes de pauvres gens, racontait-elle, tout en ranimant le feu, se préoccupant de leur bien-être, mais la pauvreté n'est pas un bien grand malheur et nous avons toujours été heureux, n'ayant jamais été séparés...»

Philémon apporta un chou qu'elle mit à cuire, sortit une jarre de terre cuite contenant un vin au goût prononcé de vinaigre, et pour honorer les visiteurs offrit un rayon de miel de ses ruches... Au cours du repas, Philémon et Baucis se rendirent compte que la jarre restait toujours pleine quel que fût le nombre de coupes versées, se rendant compte du prodige, ils comprirent que leurs hôtes étaient des dieux et se mirent à prier tout bas.

Zeus et Mercure les entraînèrent alors sur une butte voisine, et leur montrèrent le pays inhospitalier inondé et détruit, eux seuls avaient été sauvés de la destruction. Les dieux leur demandèrent alors d'exprimer un vœu afin de les remercier.

Les deux vieillards se regardant, d'une seule voix osèrent s'adresser aux dieux : «ne laissez aucun de nous demeurer seul un seul jour, accordez-nous de mourir ensemble». Emus, les dieux transformèrent en un instant leur cabane en un temple dont ils devinrent les gardiens.

Bien des années plus tard, leur heure étant venue, un jour qu'ils évoquaient leurs souvenirs, enlacés tendrement, chacun vit l'autre se couvrir de feuilles, une écorce les entoura, elle devint tilleul, il se transforma en chêne, mais un seul tronc soutenait l'arbre magique, qui depuis est toujours butiné par les abeilles qui nourrissent les dieux à travers les temps et les lieux...

AGNEAU
AU MIEL

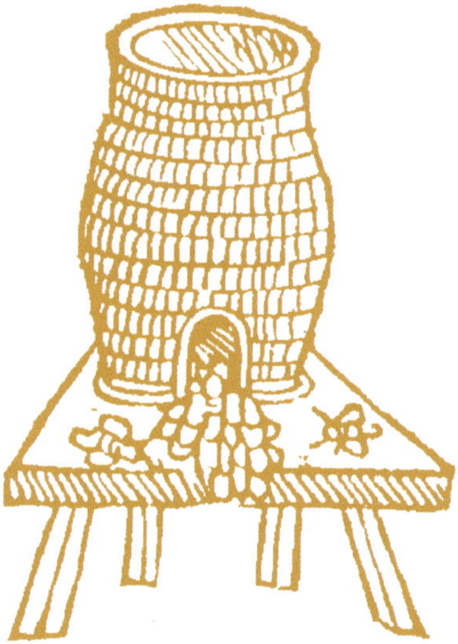

Faites revenir la viande dans une cocotte.

Ajoutez oignons et lardons.

Quand le mélange est bien doré, salez, poivrez.

Couvrez d'eau et laissez cuire à petit feu environ 1h15.

Ajoutez raisins, miel, vinaigre balsamique et cannelle.

Poursuivez la cuisson au moins 20 mn.

La viande doit être fondante.

I N G R É D I E N T S

Collier d'agneau (250 g par personne)
2 oignons émincés, 300 g de lardons fumés,
une poignée de raisins secs, 2 cuillères à soupe de miel,
2 cuillères à soupe de vinaigre balsamique,
1 cuillère à café de cannelle en poudre,
sel, poivre, huile d'arachide.

ma belle poiree mes beaus epinars

La Sardamone aux deux coriandres

Les Français ne sont, en général, guère friands de coriandre.

Si au Moyen-Age elle est présente dans chaque jardin, elle a peu à peu disparu de nos tables. En revanche, les Russes la consomment toujours en grande quantité, en particulier avec le saumon fumé. Les Indiens l'utilisent dans la poudre à curry. Les Arabes n'imaginent pas de cuisiner sans ce «persil arabe», quant aux Chinois, comment réussir un repas sans «persil chinois» ?

Il semblerait que chaque peuple se l'approprie ! sauf nous, qui lui trouvons souvent un goût de punaise! Il est vrai que son nom lui vient du grec koros... Qui signifie punaise !

A la fois herbe aromatique utilisée fraîche, à l'odeur un peu forte, la coriandre se fait épice en nous offrant ses graines, qui, bien mûres, dégagent un délicat parfum de zeste d'orange, un peu piquant. J'aime beaucoup mêler ces deux saveurs qui se complètent harmonieusement et mettent en valeur agneau et potiron.

Le potiron, cet autre oublié de notre époque, tout comme ses cousins, courges, potimarron, giraumon ou pâtisson, pourtant que ces légumes sont beaux et bons ! Essayez-les avec cette première recette. Vous découvrirez vite la saveur musquée, et pour certains un peu sucrée, qui permet aussi de réaliser d'étonnants desserts.

LA SARDAMONE
AUX DEUX CORIANDRES

Dans une cocotte et une cuillère de saindoux faites colorer oignons et viande, couvrez d'eau, salez, et laissez cuire à couvert et à feu très doux, environ 1 heure.

Quelques minutes avant la fin ajoutez les épices, le jus de citron, les carottes râpées, la coriandre fraîche. Réservez.

Rincez bien le petit épeautre, faites-le cuire dans une grande quantité d'eau froide, avec épices, oignons, sel et poivre, environ 40 minutes. Laissez reposer quelques minutes avant d'égoutter soigneusement.
Faites cuire à l'eau salée le potiron, vérifiez la cuisson à la fourchette, égouttez, passez au moulin à légumes. Remettez sur le feu quelques instants après avoir ajouté le safran.

Saupoudrez avant de servir du reste de coriandre… et découvrez le Moyen-Age !

I N G R É D I E N T S

Pour 4 personnes
1 petit gigot d'agneau découpé en dés,
1 cuillère à soupe de saindoux,
3 oignons émincés, sel, poivre,
quelques filaments de safran,
1 cuillère à café de coriandre en poudre,
1/2 cuillère à café de girofle en poudre,
1 cuillère à café de cannelle en poudre,
1 jus de citron,
300 g de carottes râpées,
bouquet de coriandre fraîche ciselée,
400 g de petit épeautre de Sault,
1 rhizome de gingembre frais,
2 clous de girofle,
800 g de potiron en dés.

LA LUBERONE

Dans une cocotte à fond épais faites dorer la viande en dés, les oignons, et les têtes d'ail.

Lorsque tout est bien doré, ajoutez les coulis de tomates et poivrons, mélangez bien le tout, puis couvrez d'eau chaude.

Laissez mijoter à feu doux une heure, puis ajoutez les herbes, les épices, le sel, le poivre, et les champignons.

Prolongez la cuisson au moins 30 minutes.

Servez avec du petit épeautre, des pâtes fraîches, ou du riz rouge de Camargue.

INGRÉDIENTS

200 g d'agneau par pers. (gigot, épaule, collier, poitrine, côtes),
4 beaux oignons blancs émincés,
2 têtes d'ail en gousses non épluchées,
1 verre à moutarde de tomates pelées passées au mixer,
1 verre à moutarde de poivrons grillés, épluchés, passés au mixer,

100 g de cèpes et de bolets,
thym, romarin, persil, laurier, sel, poivre
2 cuillères à café de cannelle en poudre,
1 cuillère à café de gingembre en poudre,
1 pointe de couteau de muscade râpée,
1 cuillère à café de coriandre en poudre, eau.

La Luberone

Le Luberon, comme tous les endroits «à la mode» Megeve, Cassi(ss), St Tropé(ss) se prononce de deux façons : vous autres, gens du Nord, allez en vacances dans le Lubéron, j'y allais autrefois. Aujourd'hui je vis dans le Lubeuron.

Dans ce pays bleu (je vous conseille le mois de février vers 17 h pour comprendre ce que bleu peut signifier de splendeur), vivent des moutons et des agneaux.

Je me suis souvent régalée des pré-salé du Mont Saint-Michel à la chair si fondante et légèrement iodée, je n'imaginais pas pouvoir trouver mieux.

Un jour j'ai découvert l'agneau du Luberon, nourri non d'herbe épaisse d'alluvions, mais de maigres pousses de la garrigue : une viande presque rouge (des clients parfois, ont cru manger du boeuf !), parfumée de thym sauvage et de genièvre.

Je cuisine cet agneau du Luberon de bien des façons, mais celle dont on me demande chaque jour la recette, je l'ai baptisée LA LUBERONE

L'Aïoli de Tante Simone

Lorsque j'étais petite fille ma tante Simone représentait pour moi une sorte d'idéal. Elle était la plus jeune soeur de ma grand-mère et avait l'âge d'être ma mère.

Chez elle tout me semblait magnifique. L'appartement où elle vivait avec mon oncle et leurs quatre filles m'apparaissait le summum du bon goût et du raffinement. J'admirais le tissu provençal couvrant les lits, les cuivres étincelants, les beaux meubles soigneusement cirés.

Je n'ai jamais vu ma tante inactive. Très souvent, j'accompagnais ma grand-mère prendre le café chez elle, mais Simone ne s'arrêtait pas pour autant et j'ai passé des heures à la regarder repasser, astiquer ses pots d'étain ou enduire de pâte blanche, à l'aide d'une brosse à dents, les chaussures de ses filles.

Elle m'invitait parfois pour les vacances dans un chalet isolé des Alpes-de-Haute-Provence. Une autre de mes tantes se joignait à nous avec sa fille et son fils, unique garçon de la famille. J'enviais mes cousines qui brodaient et réalisaient des oeuvres d'art au canevas ; pour ma part, je dévalais plutôt le chemin qui descendait vers le torrent au risque de me rompre le cou !

Mes cousines me semblaient posséder tout ce dont j'étais dépourvue : elles avaient de splendides cheveux bien raides, mes frisettes me désolaient ! Elles étaient minces et élégantes, j'étais plus que boulotte ! Leurs visages, surtout celui de Josiane, mon aînée de deux ans, étaient criblés de taches de rousseur, j'aurais donné beaucoup pour arborer ces grains de soleil autour de mon nez ! Elles étaient toujours impeccablement propres et bien tenues, alors que plus d'une fois ma tante nous a plongés, mon cousin et moi, dans le grand baquet installé devant la maison. Nous avions tendance à oublier de nous laver !

Dans la même maison que Simone vivait sa belle-mère, la petite Mémé. La petite Mémé était tricoteuse. Son appartement était envahi d'énormes machines très impressionnantes, de pelotes de laines multicolores, d'un fatras invraisemblable de tissus, de fils, d'aiguilles, de magazines de mode, sur lequel veillait un grand portrait de la reine Astrid, car son défunt époux était belge.

Le mari de Simone travaillait avec sa mère, c'était pour moi une raison supplémentaire d'émerveillement de voir mon oncle coudre des robes pour ses filles ou leur tricoter des cardigans.

Quelle belle vie avait ma tante Simone ! Depuis mon installation dans le Luberon j'ai revu souvent Simone avec la même tendresse, sa maison était toujours un modèle d'ordre et de propreté.

Au printemps elle est partie. Elle était le dernier maillon qui me reliait à l'enfance. La seule à partager mes premiers souvenirs, à me raconter le passé, à me considérer encore comme une gamine...

Simone cuisinait un aïoli bien particulier, sa fille Josiane m'en a confié la recette.

Transmettre cet héritage c'est un peu lui rendre hommage.

L'AÏOLI
DE TANTE SIMONE

La veille, faites déssaler la morue.

Faites revenir dans l'huile d'olive le blanc de poireau finement émincé ;
Couvrez avec 1,5 l d'eau froide.
Mettez la morue, le fenouil, le safran.
Portez à ébullition la morue. Réservez.
Ajoutez les pommes de terre coupées en cube dans le bouillon.

Pendant ce temps, préparez un bol d'aïoli : dans un bol, mettez un jaune d'œuf non conservé au réfrigérateur, une cuillère à café de moutarde, 2 gousses d'ail écrasées dont vous aurez pris soin de retirer le germe.
En tournant avec un fouet, ajouter de l'huile d'olive en filet jusqu'à obtention du volume désiré.
Terminez en salant.
Lorsque les pommes de terre sont presque cuites, remettez quelques instants la morue pour la réchauffer.

Faites griller les tranches de pain, disposez-les dans un plat en les arrosant avec le bouillon.

INGRÉDIENTS

Pour 4 personnes
500 g de morue
1 kg de pommes de terre

1 blanc de poireau
6 à 8 tranches de pain rassi
1 œuf

huile d'olive,
ail, fenouil,
safran.

Le coq au vin de Jean-Jérôme

Ma première belle-mère, née en Tunisie, «faisait le couscous» !
Ah le couscous de maman ! s'exclamait mon mari, engloutissant assiette après assiette, légumes, semoule, merguez, à la table de belle-maman ravie. Leur admiration mutuelle se lisait dans leurs yeux... m'agaçant un tantinet !

Je nourrissais mon jeune époux de pâtes, de purée instantanée, de plats en conserves, le resto-U assurant le quotidien !

Je n'oublierai jamais (et mes hôtes non plus je le crains !) la première invitation à dîner lancée à un jeune couple de nos amis. J'avais suivi scrupuleusement les recettes d'une revue pour servir : - Des oranges farcies de chair à saucisse, surprenant et franchement immangeable ! - Un coq au vin... absent du plat ! je ne sais comment j'avais interprété les indications, mais en fait, je n'ai servi qu'une sauce... sans coq ! - Un gâteau au chocolat semi-glacé, qui m'a valu de casser le couteau destiné à le couper.
J'ai fini par prendre ce sacro-saint couscous en grippe, chipotant dans mon assiette lors des déjeuners chez mes beaux-parents. J'ai toujours repoussé les propositions de Mamé qui voulait me transmettre son savoir-faire, bien persuadée que «le couscous de maman» serait à jamais le seul, l'unique, que la compétition était inutile, et les dés pipés.
Bien des années plus tard j'avais fait quelques progrès. J'avais un nouveau mari... et une nouvelle belle-mère, qui faisait une ratatouille divine... pour son fils ! Je retrouvais la même communion mère-fils devant LE plat de maman, et mon agacement était inchangé ! Cette fois non plus je n'ai pas relevé le gant.
Entre temps mon fils avait grandi, j'avais appris à préparer le coq au vin... Ce plat qui m'avait valu une humiliation cuisante était devenu pour lui LE plat de maman ! Lorsque je l'entends m'assurer qu'il n'en a jamais mangé d'aussi bon, que personne ne le réussit comme moi, lorsqu'il se sert une nouvelle assiette, lorsque ses yeux croisent les miens dans une complicité impossible à partager avec d'autres, j'ai envie de le remercier, c'est le bonheur ! Cette recette, si simple soit-elle, je la conseille à tout le monde... sauf à ma belle-fille, bien-sûr !

N.B. Depuis je n'ai plus de belle-mère et j'ai servi au restaurant La Garrigue (qui était une sorte de ratatouille), et le Couscous du Luberon.

LE COQ AU VIN
DE JEAN-JÉRÔME

Découpez le chapon en morceaux, en retirant l'excès de graisse.

Faites dorer dans une cocotte de fonte avec les oignons découpés en tranches fines.

Faites bouillir et flamber le vin blanc dans une casserole arrosez le chapon bien doré.

Ajouter les morilles, les épices et le bouillon de poule, couvrez.

En fin de cuisson ajoutez un bouquet de persil haché.

Attention le chapon cuit beaucoup plus vite que le coq, surveillez bien la cuisson.

I N G R É D I E N T S

Un beau chapon,
une bouteille de vin blanc du Luberon cuvée Mincka!
des morilles fraîches si possible, à défaut réhydratées,
3 oignons, sel, poivre, un bouquet de persil,
une pincée de cannelle en poudre,
une tasse de bouillon de poule réduit.

LA TOURTE
DU LAC SAINT-JEAN

Mélangez les viandes, l'oignon, le sel et le poivre et laissez macérer au frais dans un récipient couvert 48 heures.
Après 48 heures, ajoutez les dés de pomme de terre, mélangez bien.
Divisez la pâte brisée en deux.
Foncez le moule beurré de la moitié de la pâte.
Garnissez le fond de pâte avec le mélange viande, pomme de terre, couvrez avec le reste de pâte et faites une petite cheminée avec un rond de carton que vous laisserez en place.
Ajoutez le bouillon jusqu'à la hauteur de la cheminée.
Enfournez à four préchauffé à 200°.
Laissez cuire 35 minutes à partir du moment ou le bouillon entre en ébullition.
Baissez le four à 160° et laissez cuire 2 heures.

I N G R É D I E N T S

250 g de bœuf coupé en cube,
200 g de porc coupé en cube,
600 g de pommes de terre coupées en cube,
sel, un tour de moulin à poivre,
200 g de pâte brisée, 1 oignon haché,
du bouillon de bœuf.

La Tourte du lac Saint-Jean

J'aime le Québec. J'ai adoré flâner dans Montréal. De Mont Royal à la rue St Denis, de Sainte Catherine aux vieilles rues du port je me suis sentie chez moi dans cette ville toute de contrastes. La remontée du Saint-Laurent est un merveilleux souvenir. Les bois flottants sur le fleuve, les rencontres et les parties de billard américain avec des bûcherons au hasard des motels. Le bac jusqu'à Tadoussac, la découverte de «l'hôtel New Hampshire». Le souffle des baleines dans l'aube glaciale. L'atmosphère de conte de fées de Château Frontenac à Québec... et son confort sublime !
Et puis bien sur la gentillesse et l'hospitalité des canadiens, l'accent qui me fait fondre !
La poutine et la tourte du lac Saint -Jean, les oreilles de Christ et le jambon au sirop d'érable, les beans au lard !

Il y a une dizaine d'années mon fils est tombé sous le charme d'une québécoise... Et l'a suivie à Montréal ! L'éloignement m'a donné l'envie d'en savoir plus sur ce pays. J'ai dévoré les romans de Yves Beauchemin, je me suis passionnée pour les filles de Caleb, d'Arlette Cousture, j'ai écouté Paul Piché et La Bottine souriante. Je suis, bien évidemment, arrivée à la cuisine et j'ai découvert que la vraie cuisine québécoise est restée très proche de la cuisine médiévale ! Les compagnons de Jacques Cartier ont, semble-t-il, su préserver les recettes du vieux continent. Cela me convenait parfaitement, depuis, l'hiver, je sers parfois la tourte du lac Saint-Jean. Jean-Jérôme et Cynthia ont passé presque une année au Nunavik chez les Inuits, là où le froid atteint des summums que je ne peux imaginer de supporter. Ma belle-fille a recherché une tradition culinaire, sans succès. Elle m'a cependant envoyé du béluga pêché et séché par ses soins, accompagné de sa graisse fondue... L'essai ne m'a pas totalement convaincue et je n'envisage pas, pour le moment, de le mettre au menu !

En tous cas c'est toujours un bonheur pour moi de recevoir des québécois à ma table et Michel mon serveur prépare les verres d'hypocras à la moindre trace d'accent... même si au fond je leur en veux un peu d'avoir su retenir mon fils !

Le Cari Provençal

J'ai eu la chance de vivre sur une toute petite île de l'océan Indien. Mes enfants étaient encore des bébés, ils ont pratiquement appris simultanément à marcher et à nager. Le lagon, calme et limpide, devant la varangue de la maison était à température idéale tout au long de l'année.

Aucun avion ne se posait sur notre île. Le seul moyen de rejoindre la «métropole» était le bateau. Un bateau curieusement construit qui présentait la particularité de tanguer et de rouler dans le même temps ! Dix fois l'an il jetait l'ancre au large de la barrière de corail, sauf bien sûr s'il y avait une grève de dockers sur la grande île... La traversée durait une quarantaine d'heures, et les passagers cohabitaient avec poules, cochons noirs, vaches à bosses et poissons séchés dans un vacarme et des odeurs couvrant le bruit du ressac et le parfum de l'iode !

Nous mangions une fois par semaine de la viande, très coriace puisque consommée le jour de l'abattage. Il n'y avait pas d'électricité, donc pas de réfrigérateur. La mer nous offrait poissons, langoustes et crabes à profusion. Même les enfants savaient pêcher de petits crabes et de gros mulets sur la barrière de corail. L'unique boutique de l'île nous fournissait les denrées de base, huile, farine, sucre, tout comme les ustensiles de cuisine, le tissu et quelques conserves.

L'île subissait parfois une sécheresse de plusieurs années consécutives, et le service de l'agriculture avait tenté de construire un barrage afin de recueillir l'eau providentielle des cyclones. Le maïs, les oignons et les piments (réputés les meilleurs du monde) ne manquaient jamais. Quant aux fruits tropicaux de mes rêves, il fallait attendre le bateau pour s'en régaler.

Toutes les six semaines c'était la fête. Les barques se pressaient à travers la passe pour décharger des merveilles : le courrier, les produits frais, les réserves d'épicerie, les produits élaborés comme le gaz en bouteilles (que nous étions à peu près les seuls à utiliser) et, vraiment très exceptionnellement, un visiteur. Si le bateau tardait à venir il fallait se débrouiller. Les Rodriguais m'ont appris à cuisiner sur un feu de bois, à remplacer un légume manquant par un brède poussé dans le sable, à métamorphoser une boîte de corned-beef en succulent rougail.

A l'annonce d'un cyclone la fièvre montait, mais sans réelle inquiétude : de mémoire d'homme il n'y avait jamais eu de victime. C'était l'occasion de se grouper, volailles y compris. Portes et fenêtres soigneusement barricadées dès le «a warning number two is in force in Rodrigues» diffusé par les petites radios dont nous disposions. Même ceux qui ne parlaient que le créole comprenaient cet avertissement ! On jouait aux dominos, on racontait des histoires, on chantait de vieux ségas, on cuisinait, on mangeait, se risquant quelquefois à l'extérieur pour ramasser une noix de coco tombée devant la maison.

Le soleil revenu chacun rentrait chez soi, ajuster une tôle déplacée, inspecter sa barque et ramener ses poulets dans son jardin.

Une fois encore j'ai eu envie de faire entrer mes souvenirs dans ma cuisine en les mariant au présent...

LE CARI
PROVENÇAL

Dans une cocotte, faites dorer ail, oignons et gingembre émincés.

Lorsque tout est bien doré, ajoutez la poudre à cari, tournez jusqu'à former une pâte épaisse.

Ajoutez les tomates, les poivrons et le céleri, le tout coupé en dés. Ajoutez 1 litre d'eau froide.
Salez, poivrez, ajoutez la cannelle et laisser mijoter 1 heure.

Pendant ce temps, faites dorer la viande dans une cocotte. Ajoutez les dés d'agneau dans la cocotte de sauce et laisser cuire 1 heure à feu doux.

Servez accompagné d'épeautre nature et de petits accompagnement tels que crème de piment, tomates à l'estragon ou compotée de rhubarbe (voir recettes).

I N G R É D I E N T S

1 kg d'agneau coupé en dés,
2 poivrons, 1 branche de céleri, 5 tomates,
3 oignons, 2 gousses d'ail,

une noix de gingembre frais,
2 cuillères à soupe de poudre à cari,
1 cuillère à café de cannelle, sel, poivre.

PETITS ACCOMPAGNEMENTS POUR SERVIR LE CARI

Crème de piment

Lavez trois piments verts bien frais. Coupez-les en deux dans le sens de la longueur (retirez les graines). Coupez-les finement. Mettez-les dans un mixer.
Ajoutez un bouquet de coriandre ciselé.
2 yaourts brassés.
Sel, un tour de moulin à poivre.
Mixez.

Tomates à l'estragon

Coupez en tranches très fines deux tomates lavées.
Passez au mixer un bouquet d'estragon avec sel, poivre et 3 cuillères à soupe d'huile d'olive, une gousse d'ail dont vous aurez retiré le germe. Versez sur les tomates égouttées.

Compotée de rhubarbe

Voir recette

Servez ces accompagnements dans de petits bols, en même temps que le cari.

J'ajoute également un bol de salade de lentilles

Le poulet à la lavande et à la mélisse d'Enguérrand

Ma fille m'a annoncé la nouvelle : je vais être grand-mère !
Mon enfant va avoir un enfant, c'est totalement inconcevable. Cette jeune femme devant moi, l'ai-je jamais imaginée en maman ? Elle en qui je vois encore le bébé souriant, malhabile à attraper le petit pois échappé de l'assiette. La petite fille aux mains potelées, déguisée en fée pour souffler les bougies de son anniversaire !

Lorsque ses amies ont eu des enfants, cela m'a semblé tout à fait banal, mais ma fille à moi ! Et puis elle me transforme en aïeule ! J'ai la sensation d'être la première au monde à qui il arrive pareille aventure. Comment se sentent les femmes dans mon cas ? Comment vivent-elles l'annonce de leur «grand-maternité» ?

Au fil des jours l'idée fait son chemin en moi. La taille de ma fille s'arrondit. Je commence à imaginer ce bébé. Je lui prête les traits de mes propres enfants. Je propose des prénoms aux futurs parents. Je lui en attribue deux dans ma tête : Enguerrand ou Mahaut, selon les jours. Je cours les magasins de puériculture, de jouets, je lis des ouvrages de conseils aux grands-parents ! Je m'inquiète, sans le manifester, pour la santé de la future maman.

La lavande est en fleurs, les champs sont bleu-layette. Ma fille a des nausées, je lui conseille l'eau de mélisse...
Et j'imagine une recette pour Enguerrand !

N.B. ORYSIA est née, c'est la plus jolie petite fille que j'ai vue depuis la naissance de sa maman, je suis une grand-mère comblée !

LE POULET
À LA LAVANDE ET À LA MÉLISSE D'ENGUÉRRAND

Dans une casserole, faites chauffer le vin de Viognier jusqu'à ébullition, jeter la lavande et la mélisse, retirez du feu et laissez infuser 10 minutes.

Faites cuire à four chaud et sans matières grasses les morceaux de poulet salés et poivrés.

Dans une nouvelle casserole, faites doucement chauffer la crème fraîche jusqu'à ébullition, ajoutez-y l'infusion de lavande et mélisse, soigneusement passée.

Laissez cuire 2 minutes sans cesser de tourner.

Nappez les morceaux de poulet de la sauce, et décorez avec quelques fleurs de lavande.

INGRÉDIENTS

1 bouteille de vin de Viognier,
une vingtaine de sommités fleuries de lavande,
1 petit bouquet de mélisse fraîche,
1 poulet fermier découpé en morceaux,
1 petit pot de crème fraîche,
sel, poivre.

CAILLES FARCIES
DE FROMAGÉE ET DE GENIÈVRE

Dans un saladier mélangez tous les ingrédients de la farce, remplissez chaque caille et fermez par un cure-dent, enroulez les cailles dans les bardes de lard. Filmez et laissez au réfrigérateur 24 heures.
Le lendemain préparez vos brochettes : faites rissoler à la poêle dans un peu de beurre, les champignons, lardons et poivrons, enfilez les éléments sur des brochettes en alternant avec les fruits, réservez au chaud dans la poêle sous un couvercle.

Enfournez les cailles bien serrées dans un plat à four chaud pendant une trentaine de minutes, surveillez bien la cuisson.
Pochez la feuille de chou quelques minutes dans l'eau bouillante.

Disposez la feuille de chou bien essorée sur l'assiette, débarrassez la caille de sa ficelle et du cure-dent, joignez les brochettes.

INGRÉDIENTS

1 caille par personne,
Pour la farce :
fromage frais style gervais,
fromage de chèvre frais,
1 cuillère à soupe de genièvre concassé,
1 pincée de cannelle, poivre,
1 cuillère à café d'estragon haché,
1 pincée de muscade râpée,
quelques raisins secs trempés au préalable dans un peu de marc de Provence,
bardes de lard fumé,
ficelle à rôti,cure-dents.
Pour les brochettes :
lardons fumés en dés,
champignons frais bien nettoyés,
châtaignes cuites,
dés de pommes,
poivrons en lanières,
quelques grains de raisins,
Pour la décoration :
Une belle feuille de chou vert

Cailles farcies de fromagée et de genièvre

Jehanne attend impatiemment à sa fenêtre que les crieurs annoncent l'ouverture des bains, le moment où les étuveurs ont terminé de chauffer l'eau et accueillent les premiers chalands.

Jehanne se rend plusieurs fois par semaine aux bains publics, accompagnée de ses sœurs et de ses parents, elle aime tellement se plonger dans les cuves de bois garnies de draps protecteurs afin de ne pas se blesser. Quelquefois après le bain de vapeur et la baignerie, on rencontre des amis avec lesquels on mange, on joue aux osselets, mais aujourd'hui il ne faut pas traîner : c'est jour de fête, elle va revêtir une cotte (chemise) de fine toile blanche, puis un bliaud brodé, des poulaines de cuir souple et enfin une courroie (ceinture) de soie à laquelle elle suspendra l'aumônière garnie de perles que ses parents lui ont offertes pour l'occasion.

Jehanne fête ses douze ans, toute la famille sera réunie pour le dîner afin de célébrer sa majorité. Dès demain elle pourra participer à la vie de la cité, travailler librement, se marier. Elle doit épouser Guillaume à qui ses parents l'ont fiancée alors qu'elle n'avait que 9 ans. Elle est libre aujourd'hui d'accepter ou de refuser ce projet, à l'inverse des damoiselles nobles qui doivent s'incliner devant le choix de leurs familles.

Elle confirmera officiellement son accord après le repas, ensuite il faudra aller voir le curé de Notre-Dame. Depuis peu il ne suffit plus de s'accorder devant les familles réunies pour se marier. Le mariage est devenu un sacrement religieux, et ceux qui ne reçoivent pas la bénédiction indispensable sont réputés adultères.

Pour préparer le repas de fête Maman est allée à la ferme, au-delà de la porte de Buci, chercher le fromage de chèvre qui servira à farcir les cailles ramenées de la chasse dans les forêts de saint Denis par Guillaume. Jehanne se hâte de rentrer pour aider à la préparation de ce plat qu'elle aime beaucoup.

Les Légumes & accompagnements

Les courgettes rondes farcies d'ail en chemise

L'ail naquit dans le sillon laissé par le serpent chassé du paradis terrestre...
La porte du paradis devait se situer dans les steppes de Mongolie, c'est dans ces lointaines contrées qu'on découvre l'allium sativum.

On le retrouve en Egypte où on le distribue chaque jour aux bâtisseurs de pyramides, il les nourrit et les stimule tout à la fois

Les Hébreux quittant l'Egypte ne l'oublient pas. Parvenus en Palestine, ils se hâtent d'en développer la culture et en font grande consommation les soirs de sabbat. Ses vertus aphrodisiaques et la protection qu'il confère contre le mauvais œil le rendent indispensable à chaque foyer.

Il suscite l'engouement des Romains, des Grecs. Hippocrate et Aristote vantent ses vertus tonifiantes et virilisantes. Mahomet, lui, en fait l'antidote des piqûres et des morsures. Au Moyen-Age il éloigne la peste et le choléra. Ses lettres de noblesse lui viennent d'HENRI IV, «baptisé» à sa naissance d'une gousse d'ail et de vin de Jurançon.

Ses qualités ne se comptent plus : vermifuge, apéritif, antiseptique intestinal, antirhumatismal... et bien sûr, il chasse démons et vampires, de cela je suis absolument certaine : j'ai toujours eu de l'ail chez moi, et je n'ai jamais vu autour de ma maison le plus petit vampire ou autre méchant diable !

Vous l'avez compris : j'aime l'ail ! j'en use à profusion dans ma cuisine et beaucoup de mes clients ont renoncé à leurs préjugés défavorables sur ce «joyau des cuisines provençales» en le dégustant «en chemise». Ce n'est point excès de pudeur de ma part, mais de gourmandise, que de laisser à l'ail son vêtement d'origine, sa chair se transforme en une purée tendre et douce, qui vous fait oublier toute l'agressivité dont il a pu faire preuve «habillé».

LES COURGETTES
RONDES FARCIES D'AIL EN CHEMISE

Creusez dans chaque courgette un trou de la grosseur de la gousse d'ail.

Glissez la gousse d'ail dans le trou.

Ajoutez une cuillère de crème de basilic.

Remettez le petit chapeau retiré au vide-pomme.

Rangez dans le plat de cuisson.

Laissez cuire 30 minutes à 180 degrés

Si vous avez oublié de préparer la crème de basilic, entourez la gousse d'ail d'une feuille fraîche de basilic, ajoutez une goutte d'huile d'olive, salez et poivrez.

INGRÉDIENTS

2 courgettes rondes par personne,
1 gousse d'ail non épluchée par courgette,
crème de basilic,
1 cuillère à soupe d'huile d'olive,
1 plat en terre,
1 vide-pomme.

PAPETON
DE LÉGUMES

Dans une sauteuse faites revenir à l'huile d'arachide tous les légumes lavés et coupés en petits dés.
Baissez le feu, couvrez et laissez cuire 30 mn en remuant de temps en temps. Retirez du feu et égouttez les légumes dans une passoire.

Pendant ce temps, battez les œufs, la crème fraîche, le sel, le poivre, la pointe de muscade et le persil haché. Ajoutez les légumes égouttés.

Versez la préparation dans une terrine huilée et cuisez 30 mn au four à 150°C.

Servez froid ou chaud accompagné de salade verte et d'un coulis de poivron.

INGRÉDIENTS

Pour 8 personnes
6 courgettes, 4 aubergines, 1 poivron rouge, 1 poivron vert, 1 poivron jaune, 1 tête de fenouil, 2 branches de céleri avec leurs feuilles, mais aussi selon votre marché : blettes (tiges et feuilles), épinards, 1 tranche de potiron, 1 bouquet de persil, 6 œufs, 1 petit pot de crème fraîche, sel, poivre, muscade râpée, huile d'arachide.

Papeton de légumes

Dans la famille de Philippe le Bel, le personnage marquant c'est le grand-père : Saint Louis, récemment canonisé. Il est omniprésent dans la vie de Philippe qui, lui-même, est un roi très pieux, il pourchasse l'hérésie et la sorcellerie, il fait du zèle !

Fort de sa sainte ascendance, il domine l'Eglise en son royaume, ce qui contrarie fort le Pape, d'autant plus que le monarque prétend faire juger par sa cour un évêque présumé coupable de complot contre l'autorité royale, plus encore il lève un impôt sur le clergé ! Boniface VIII prend la chose très très mal, chacun menace l'autre d'excommunication. Après une explication très houleuse, le pape meurt !

Philippe Le Bel, dit-on, use de toute son influence pour faire élire un pape français et Clément V, natif de Gironde, s'installe provisoirement en Avignon, dans le couvent des frères prêcheurs. Il est vrai que l'Italie n'est pas sûre, de plus il œuvre au rapprochement de la France et de l'Angleterre, il souhaite enfin, inciter le roi à la clémence à l'égard des templiers.

Les années passent... Le provisoire durera jusqu'en 1378 c'est-à-dire 69 ans... Sept papes français vont se succéder en Avignon. Le couvent des Dominicains sera délaissé et la construction du palais des papes commencera...

La légende veut que Clément V, modeste et diplomate, ait sillonné chaque jour les rues d'Avignon sur sa mule, coiffé d'un singulier chapeau, bientôt surnommé le papeton, il n'en fallait pas plus pour imaginer un moule à l'image du couvre-chef papal.

La Polenta du Pays d'Aix

Il était une fois une jeune Italienne, elle se nommait Dominique, elle avait seize ans.

Elle vivait à la ferme familiale dans le Piémont et s'occupait de ses nombreux frères et sœurs, des chèvres et de l'ensemble de la maisonnée, secondant sa mère, sans que personne, jamais, ne songeât à l'envoyer à l'école.
Ses parents s'avisèrent un jour que le temps était venu de la marier. Un fermier des environs vint faire sa demande, on oublia de demander l'avis de Dominique... On oublia même de lui présenter son prétendant !

Le parti n'était pas mauvais, ses parents fixèrent donc la date du mariage.
A l'Eglise la jeune fille découvrit son fiancé... on ne sait à quoi il ressemblait, toujours est-il qu'il lui déplut tellement qu'immédiatement elle prit sa décision.
On avait dressé quelques tables, tué une chèvre, le violoneux était monté du village et on avait mis en perce quelques tonneaux...
La jeune mariée profitant de l'attention que chacun accordait aux histoires du grand-père, s'enfuit... Elle marcha, longtemps... Si longtemps qu'elle franchit une frontière et arriva à Aix-en-Provence, en France!...

Elle se mit en quête d'un moyen de subsister. Un fermier venait de perdre sa femme en couches, il était père de 10 enfants, il l'engagea...
Ils eurent 10 autres enfants... qui tous portèrent le nom du mari Italien, le divorce n'existant pas en Italie !
Dominique était mon arrière-grand-mère, je l'ai très peu connue, mais de l'avis de toute la famille elle cuisinait une merveilleuse polenta...

LA POLENTA
DU PAYS D'AIX

Lavez et coupez en très petits dés poivron et céleri.
Ajoutez au bouillon frémissant la semoule et les dés de céleri, mélangez le tout.
Laissez cuire 15 mn en remuant souvent et ajoutez le poivron en dés et le persil haché.
Laissez cuire encore 10 mn. Le mélange doit être bien épais.
Renversez l'appareil sur un torchon propre et pliez le torchon en aplatissant bien la polenta, l'eau va s'évaporer.
Coupez en tranches et servez en accompagnement d'un plat en sauce.

VARIANTES

☞ Rangez les morceaux dans un plat à gratin.

Saupoudrez de gruyère râpé, quelques noix de beurre. Faites gratiner.

☞ Ajoutez à la polenta avant de la faire égoutter des lardons fumés dorés à la poêle. Accompagnée d'une salade verte, la polenta devient plat unique pour un dîner d'été.

I N G R É D I E N T S

Pour 5 Personnes :
120 g de semoule de petit épeautre,
75 cl de bon bouillon de poule,
sel, poivre, 1 branche de céleri,
1 petit poivron rouge,
1 bouquet de persil.

LES CROQUETTES
DE MA GRAND-MÈRE

Faites cuire à l'eau salée les pommes de terre épluchées.

Ecrasez les grossièrement à la fourchette.

Ajoutez les œufs, le gruyère râpé, sel, poivre, muscade et les gousses d'ail écrasées.

Façonnez de petites croquettes, ou galettes et farinez-les sur une assiette.

Il ne reste plus qu'à les faire dorer à la poêle.

Servez avec une salade verte.

I N G R É D I E N T S

Pour 4 personnes :
8 pommes de terre, 2 gousses d'ail,
2 œufs frais, sel, poivre,
2 cuillères à soupe de gruyère fraîchement râpé,
une pointe de couteau de muscade râpée,
un peu de farine, huile d'arachide.

Les Croquettes de ma grand-mère

Cette recette n'est pas à ma carte, je m'en suis régalée pendant mon enfance, et j'ai plaisir à préparer ces croquettes, à mon tour, pour mes enfants.
Ma grand-mère avait le génie d'accommoder les restes, je ne me souviens pas avoir mangé du «réchauffé» chez elle. Elle transformait les reliefs du précédent repas, créant un plat nouveau, son sens de l'économie lui interdisant de jeter les fonds de casseroles. Je suppose que ces croquettes sont nées d'un reste de purée...maison, bien sûr ! Je doute que Mémé ait jamais employé de purées en poudre !
Les œufs, elle les achetait sur le marché d'Aix, à un paysan qui avait toute sa confiance. Quant au gruyère, elle me confiait la charge de le râper au dernier moment à l'aide d'un petit moulin à fromage, ce qui m'enchantait car je grignotais de petits morceaux au passage.
Elle n'était pas grande la cuisine de Mémé et ses recettes n'étaient pas bien compliquées, mais que de souvenirs savoureux elle m'a laissés ! Elle me faisait souvent participer à la préparation des repas et ne s'énervait jamais si je laissais échapper la salade du panier en le secouant trop vigoureusement sur le palier, ou si je mangeais toute la mie de la baguette en la rapportant de chez le boulanger.
Pendant des années, je suis descendue remplir la cruche à la fontaine au bout de la rue. Il n'était pas question d'acheter de l'eau en bouteille, pour rien au monde elle n'aurait accepté de boire celle du robinet, alors que la fontaine nous offrait une eau pure et si fraîche, il suffisait d'aller la chercher !
Tout comme il suffisait d'aller au marché très tôt le matin lorsque les paysans s'installent, pour avoir le premier choix, ou de traverser la ville pour acheter la meilleure huile d'olive ! Ma grand-mère a quitté la ferme familiale à 15 ans pour épouser mon grand-père qui lui, était de la ville, mais toute sa vie elle a gardé et a su me transmettre le goût des produits frais et e qualité, l'envie d'aller au marché, plutôt qu'au supermarché et je lui en suis infiniment reconnaissante.

Les Fèves et les petits violets aux lardons et à la coriandre

A la fin du mois de février les fèves fleurissent, des fleurs toutes blanches dévoilant une petite tache noire. En mars les gousses sont formées, c'est le moment de les déguster crues à la croque au sel, accompagnées de pain et de beurre comme des radis, après avoir d'un coup de dent, rompu la première peau un peu ferme... et l'avoir élégamment crachée ! C'est sans doute la raison pour laquelle on ne peut partager ce repas de printemps qu'avec des amis intimes que Plutarque nomme «les gens du sel et de la fève»

Cet ancêtre de nos légumes n'est guère apprécié des Egyptiens anciens, pas plus que des Grecs. Tous pensent que l'âme des morts transite par les fèves avant de revenir dans ce gros haricot qui évoque un foetus puis en grandissant semble se métamorphoser en tête de bébé. Pythagore préfère se faire tuer au combat plutôt que fuir à travers un champ de fèves au risque de piétiner l'âme des défunts !
Les pauvres, qui doivent s'en contenter sous forme de bouillie ou mêlée à la pâte du pain, risquent fort de gâter leur sommeil par des visions et des cauchemars épouvantables ou même des rêves érotiques... Ce qui le fait proscrire par l'église de la table des nonnes !
Symbole de mort, mais tout autant de renaissance, ce premier légume de printemps, qui ne gèle pas, est placé dans la galette de l'épiphanie (qui signifie : Manifestation de ce qui est caché). Les Romains rendent la justice en tirant des fèves, blanche : l'acquittement, noire : la condamnation.
Galette des rois, puis galette de la liberté pour les sans-culottes, gâteau de l'égalité redevenue galette des rois sur décision de Napoléon, toutes dissimulent une fève-légume.
L'invention de la porcelaine, à Limoges en 1870, va changer les choses, les premiers sujets seront fabriqués à l'image de la fève, puis du bébé à qui elle ressemble, on les appellera un temps des «baigneurs». Des artistes créent des pièces uniques, de toute beauté : porte-bonheur, santons, personnages célèbres. Mais l'appellation de fèves perdure, quel que soit le modèle, et les collectionneurs prennent le nom de fabophiles. Il existe un musée de la Fève à Blain, près de Nantes, je vous conseille vivement de le visiter.

LES FÈVES
ET LES PETITS VIOLETS AUX LARDONS ET À LA CORIANDRE

Dans une cocotte en fonte faites fondre les oignons émincés sans les laisser colorer dans l'huile d'olive.

Ajouter les lardons et couvrez quelques minutes à feu doux.

Ajoutez les artichauts coupés en quatre et enfin les fèves, très peu de sel à cause des lardons, un peu de poivre, une tasse de bouillon de volaille, couvrez et laissez cuire une vingtaine de minutes.

Ajoutez le bouquet de coriandre ciselée et prolongez la cuisson quelques minutes.

INGRÉDIENTS

500 g de fèves écossées,
4 petits artichauts violets dont vous aurez coupé les pointes,
150 g de lardons, 2 oignons,
bouquet de coriandre, sel, poivre,
1 cuillère à soupe d'huile d'olive.

TOPINAMBOURS
ET BLETTES À LA VAPEUR DE GINGEMBRE ET DE BADIANE

Epluchez les topinambours et coupez-les en tranches fines.

Enlevez les peaux des blettes et coupez-les en tronçons de 3 cm.

Dans un cuiseur vapeur faites bouillir de l'eau dans laquelle vous aurez ajouté le gingembre et la badiane, le sel et le poivre.

Quand l'eau bout posez le panier contenant les légumes, couvrez, et laissez cuire une dizaine de minutes, les topinambours sont meilleurs «al dente».

I N G R É D I E N T S

Pour 4 personnes :
1 kg de topinambours, 1 bouquet de blanc de blettes, 1 morceau de gingembre frais gros comme une noisette, émincé, 3 têtes de badiane, sel, poivre.

Les Topinambours et les blettes à la vapeur de gingembre et de badiane

Les topinambours ! Je n'en ai jamais mangé dans mon enfance. La génération de mes parents refusait de servir ce légume, symbole de tout ce qu'ils voulaient oublier : guerre et privations.

En faisant mon marché l'hiver, ce drôle de petit tubercule m'a souvent attirée, mais je ne savais trop comment l'utiliser. J'ai fait des essais, je l'ai mangé cru, râpé. Je l'ai fait cuire à l'eau, puis à la vapeur, et le topinambour m'a séduit. Cet oublié, ce méprisé, est digne des meilleures tables, son goût étonnant et si fin de fond d'artichaut, se prête à une multitude de préparations.
Les indiens Hurons et Algonquins en étaient friands. Champlain, gouverneur du Canada, le rapporte dans ses bagages et lorsqu'il parle d'indiens on fait immédiatement l'amalgame avec des indiens Tupinambus du Brésil, présentés à la reine quelques années plus tôt. On en conclut que tous les Indiens se nourrissent de ce tubercule bizarre. Il garde donc le nom d'une tribu qui, vraisemblablement, n'en a jamais goûté !
Parmentier fait la promotion de la «poire de terre», vantant son goût de «cul d'artichaut» et conseille de l'utiliser en période de disette, puisqu'il se contente de sols de mauvaise qualité, ceux où rien ne pousse, pas même sa grande rivale la pomme de terre.
Je cherchais d'autres renseignements sur les topinambours et j'ai trouvé Sarah. Elle écrit d'adorables petits livres de cuisine sur des sujets méconnus, les navets, les cardons, les salsifis, les scorsonères et bien sûr, les topinambours. Par elle j'ai appris qu' ils étaient réputés transmettre la lèpre, la forme de leurs tubercules rappelant les moignons des lépreux !
Je ne connais Sarah que par les messages que nous échangeons, mais j'ai maintenant une raison supplémentaire d'apprécier les topinambours : je savais depuis fort longtemps qu'on découvre les garçons dans les choux et les filles dans les roses, je sais maintenant qu'on peut découvrir de nouveaux amis dans les topinambours !

Ne les dédaignez plus, vous les trouverez de novembre à mai sur les marchés et ils vous réservent bien des surprises !

Compotée de rhubarbe à la pimprenelle

A lire mes recettes, il semblerait que j'ai une propension à utiliser des végétaux faciles à vivre, ceux qui se contentent de peu de choses, et s'accommodent de ce dont ils disposent. La pimprenelle ne fait pas exception à la règle, elle pousse partout sans problème particulier.

Son nom latin : poterium sanguisorba, lui vient probablement de l'usage médicinal qu'on lui a très longtemps conservé : elle absorbe le sang, autrement dit elle arrête les hémorragies.

J'ignorais tout de sa saveur à notre première rencontre, mais son nom m'amusait. Je l'ai goûtée crue : ses arômes de noisette et de concombre mêlés m'ont séduite.

Le concombre, omniprésent sur les tables russes, m'a donné l'envie de l'associer à un autre légume russe : la rhubarbe.

Consommée depuis 4000 ans, elle porte le nom de Rha, qui signifie Volga, c'est d'ailleurs par la Volga qu'elle parvient à Rome, où elle suscite quelque méfiance comme tout ce qui vient de chez les lointains barbares, on la baptise donc tout naturellement rheubarbarum, (racine barbare).

N'oubliez pas que seules ses tiges sont comestibles. Les feuilles de rhubarbe sont toxiques, mais utilisables d'une toute autre façon : on en tire un puissant insecticide contre les pucerons. Un plant de rhubarbe placé auprès de vos rosiers assurera donc une croissance harmonieuse à vos fleurs préférées.

Surprenez vos invités en servant des cubes de rhubarbe crue à l'apéritif, à la croque au sel ou au sucre, c'est étonnant, délicieux, et très riche en vitamines A et C.

COMPOTÉE
DE RHUBARBE À LA PIMPRENELLE

Coupez la rhubarbe en petits dés et jetez-les dans une casserole contenant le beurre.

Ajoutez l'eau et le miel.

Laissez fondre à feu doux.

Hachez finement la pimprenelle et ajoutez-la au mélange.

Laissez mijoter au moins 30 minutes, l'ensemble doit être bien fondu.

Servez à très petites doses (une cuillère à café) en accompagnement d'une viande bien relevée et de riz blanc.

I N G R É D I E N T S

Une dizaine de tiges de rhubarbe lavées et épluchées,
1 bouquet de pimprenelle fraîche,
1 cuillère de miel de lavande,
1 noisette de beurre, 2 cuillères à soupe d'eau

CRÈME DE BASILIC
À L'HUILE D'OLIVE

Si vous avez de la patience, pilez les ingrédients au mortier, le résultat n'en sera que meilleur sinon passez l'ensemble au mixer.
Et c'est tout !

Conservez en petits pots fermés et toute l'année vous ensoleillerez un simple plat de pâtes ou des fromages de chèvre.

Ajoutée à une vinaigrette votre crème de basilic vous fera rêver de vacances...

I N G R É D I E N T S

1 litre d'huile d'olive de Saint-Saturnin,
4 gros bouquets de basilic,
1 cuillère à soupe de sel, 1/2 cuillère à soupe de poivre,
3 gousses d'ail épluchées.

Crème de basilic à l'huile d'olive

Saint-Saturnin-les-Apt, qui semble devoir son nom à Saturne et non, comme on pourrait le penser à un saint homme, est bien moins célèbre que ses voisins. Plus exactement il ne l'est plus, car Saint-Saturnin a connu une renommée nationale au XIXème siècle : Rose Tamisier, native de Saignon y fait des miracles et divise l'opinion.

Supercherie ou révélation ? l'énigme demeure, ainsi que la chapelle, tout là-haut près du vieux château où le sang du christ aurait coulé... Allez donc la visiter, elle date de l'an mil, une époque qui m'est chère.

J'ai la chance de demeurer au pied du seul moulin qui subsiste, des six qui dominaient la vallée, et j'apprécie chaque jour la douceur de vivre dans ce village. La colline regorge de genièvre et j'y fait des récoltes savoureuses qui tout l'été parfument l'épeautre ou les terrines de foies de volaille, les civets de porc ou les daubes de bœuf. Du vieux château la vue est splendide, et le petit lac du barrage est aussi apprécié des pêcheurs que de mes chiens !

Saint-Saturnin se veut la capitale de la truffe, et la statue de Joseph Talon célèbre rabassier (comprenez chasseur de truffes) près de l'hôtel des Voyageurs, rappelle à qui l'aurait oublié, qu'ici on trouve des rabasses grosses «comme ça» !

Entrez donc chez Fred, à la maison de la Presse, vous y trouverez un véritable chef d'œuvre d'humour «Le Maire, les Truffes et le Parisien», indispensable à vos soirées d'hiver. Si, comme je vous le souhaite, vous avez la bonne idée de découvrir le Luberon en février, ne ratez pas la toute petite boutique qui lui fait face. Là, chez JULLIEN, vous pourrez savourer la plus merveilleuse des huiles d'olive, verte et fruitée "l'huile d'or" chantée par MISTRAL. Au mois de juillet il sera trop tard, la maison ne presse que des olives de la région, la production est très limitée, les aoûtiens repartiront bredouilles.

LES DESSERTS

Figues pochées au Beaumes-de-Venise

Adam et Eve, découvrant leur nudité, se sont vêtus de feuilles de figuiers, les peintures anciennes l'attestent : les feuilles de vigne n'apparaissent qu'au Moyen-Âge.

Quelques deux siècles avant Jésus-Christ, les traducteurs Grecs de l'ancien testament en concluent que le fruit défendu était une figue et non une pomme !

Les missionnaires envoyés aux Indes auraient sans doute obtenu de meilleurs résultats en conservant cette version ancienne, car le banian (espèce de figuier) est lui aussi associé aux dieux (Vishnu et Shiva) ainsi qu'au serpent, à travers tout le pays !

Bien avant l'existence du sucre, lorsque le miel vient à manquer, c'est la figue qui offre le «manger-doux», son nom grec «sukon» est d'ailleurs à l'origine du mot sucre.

A la fin du Moyen-Âge, on triche sur les raisins secs importés de Corinthe en y adjoignant des figues sèches...On obtient des mélanges mi-figues, mi-raisins !

En matière de record, le plus célèbre des figuiers de France fut planté à Roscoff en 1610. Lorsqu'il fallut le couper en 1986, il couvrait 700 mètres carrés.

Afin de préserver la confidentialité de votre courrier il vous suffit de diluer un peu de la substance laiteuse du figuier avec de l'eau : vous obtiendrez une encre sympathique qu'il faudra réchauffer pour décrypter votre message !

FIGUES POCHÉES
AU BEAUMES-DE-VENISE

Faites bouillir le Beaumes-de-Venise avec le miel et le bâton de cannelle.

Plongez les figues une par une à l'aide d'une écumoire et laissez frémir 3mn.

Egouttez les fruits.

Servez glacé, accompagné du sirop de cuisson.

I N G R É D I E N T S

3 figues par personne,
300 g de miel de lavande,
1 bouteille de Beaumes-de-Venise,
1 bâton de cannelle.

La Compote d'YSEULT

Imaginez un visiteur médiéval à qui l'on proposerait d'assaisonner sa viande avec des épices, car si on parle d'épices depuis le XIème siècle...

Epices à cette époque (du latin species) désigne des espèces de denrées de toutes sortes. Viande n'est que le terme générique de tout ce qui peut entretenir la vie, donc la nourriture. Et quand on assaisonne des carottes, on signifie seulement qu'on les cultive dans une saison favorable.

Epices, aromates, condiments, quel que soit le vocable, le fait d'utiliser des substances propres à agrémenter les aliments semble remonter à l'âge du feu !

Dès que l'homme (ou la femme !) ne se contente plus de manger cru, et grille sur une pierre chaude (pierrade ?) le beefsteack quotidien, il utilise plantes ou graines susceptibles d'en améliorer la saveur.

Des peintures murales datant de 3000 ans avant notre ère, nous prouvent que les Egyptiens utilisaient coriandre et basilic, safran et sésame.

A la fin du XIème siècle le chevalier et son cuisinier, qui cultivent dans leurs «jardins de simples» de quoi agrémenter l'ordinaire, partent pour Jérusalem et y découvrent la douceur du sucre de canne, curieusement baptisé «sel indien» ! De retour de Terre Sainte, passant par l'Espagne, c'est la cannelle, le gingembre, le poivre et bien d'autres merveilles qui enchantent leurs palais. Les missionnaires musulmans sont passés par-là bien avant eux et ont amené de Perse, outre les précieuses paroles de Mahomet, des denrées inconnues dont, dès lors, l'usage va se répandre.

La possession d'épices est un signe extérieur de richesses, et sur les inventaires des biens, dressés par notaire après décès, figurent les pots de macis et autre maniguette !

Il ne paraît pas justifié de penser que cette abondance d'épices servait à masquer le goût de mets avariés. Je préfère penser que toutes ces nouveautés stimulaient l'esprit de recherche des cuisiniers.

On crée des sauces, Cameline, Jance, des boissons : Claret et Hypocras, des «épices de chambre» servis avec le «boute-hors»

La cuisine s'affine, les recettes commencent à se transmettre par écrit :

☞ «le viandier de Taillevent», livre excellent est la référence, enfin réédité depuis quelques années.
☞ «liber de coquina».
☞ «le ménagier de Paris», livre de conseils autant que de recettes d'un vieux monsieur à sa jeune épouse.

Je crois qu'il n'est plus de mise aujourd'hui de croire à l'obscurantisme culinaire du Moyen-Âge.

Il est vrai que les épices sont une panacée, on leur découvre des vertus thérapeutiques tout autant que gustatives, elles sont employées par le médecin comme par la ménagère (une seule corporation groupant épiciers et apothicaires), mais aussi par la sorcière sans doute...

LA COMPOTE
D'YSEULT

La compote se conserve très longtemps, il est donc préférable d'en préparer une grande quantité et de la conserver au réfrigérateur.

Epluchez et épépinez les pommes, puis coupez-les en quartiers.

Ajoutez les fruits secs, le miel et les épices.

Couvrez de bon vin rouge, et amenez à ébullition.

Réduisez le feu et laissez cuire doucement 30 mn.

Servez glacé dans une grande coupe de verre, saupoudré de grains de sésame doré.

I N G R É D I E N T S

Pour une dizaine de personnes :
4 pommes Granny Smith,
4 pommes Melrose,
4 pommes Reinettes,
mélange de fruits secs (pruneaux, raisins, figues, abricots…) environ 500g,
500 g de miel liquide, vin rouge corsé,
3 cuillères à café de cannelle en poudre,
1 cuillère à café de muscade rapée,
2 cuillères à café de gingembre en poudre,
3 clous de girofle,
1 tour de moulin à poivre.

LE GÂTEAU
AU CHOCOLAT

Préchauffer le four à 140 °.

Sur un feu très très doux faites fondre le chocolat et le sucre dans la crème, puis laissez refroidir le mélange.

Lorsqu'il est tiède ajouter la farine, puis les jaunes d'œufs, enfin les blancs montés en neige très ferme.

Vous pouvez ajouter au choix des cerneaux de noix, des noisettes, des noix de pécan.

Enfournez pour une trentaine de minutes à 120°.

I N G R É D I E N T S

Pour 8 personnes
1/4 de litre de crème liquide,
1 tablette de chocolat noir,
4 cuillères à soupe de sucre en poudre,
1 pot de yaourt de farine, 3 blancs d'œufs,
3 jaunes d'œufs.

Le Gâteau au chocolat

Tandis que les Hidalgos aventureux armaient leurs vaisseaux pour conquérir un éden pavé d'or, les Indiens, eux, attendaient le retour de leur dieu : QUETZALCOALT, le Serpent-Oiseau, la grande divinité précolombienne du Mexique. Il était aussi le «jardinier du paradis des premiers hommes», celui qui apporta en présent à l'humanité l'Arbre par excellence : le noble cacaoyer, source de fortune et de force, boisson divine et monnaie fructueuse.

Pour l'empereur MOCTEZUMA, souverain des Aztèques, en sa capitale de TENOCHTITLAN-MEXICO le doute n'était pas permis : le grand CORTES était apparu sur la mer à l'est, exactement là où avait disparu le dieu : QUETZACOATL était revenu !

Il lui offrit une libation de chocolat et fut très surpris de l'intérêt très mitigé de CORTES pour ce breuvage exotique ! C'était en 1518...

Les siècles passent...Le chocolat n'est plus monnaie d'échange, mais point encore tablette, il faudra pour cela attendre 1828 et les travaux du Hollandais VAN HOUTTEN.

Sous Louis XV, le chocolat est consommé comme aphrodisiaque ! Et si l'on en croit les mémoires de Madame de HAUSSET, Madame de POMPADOUR en absorbe des litres, d'autant plus avidement que le roi lui reproche avec élégance d'être «froide comme une macreuse».

Le Vatican permit le chocolat les jours de jeûne et d'abstinence, ainsi que pendant le carême et il devint courant de voir les dames de la bonne société (le chocolat était encore une denrée de luxe) se faire servir à l'église de confortables tasses de bon chocolat bien chaud.

Gâteau pommes-cannelle

Ma fille me traite parfois de «cannellomaniaque». Il est vrai que j'aime, que je raffole de la cannelle, et rien ne me ravit plus que de découvrir une recette médiévale où l'on conseille d'ajouter «cynamomy grant foyson» .

Dans les plats sucrés, tout autant que dans les plats salés, je mets de la cannelle que j'utilise aussi bien en bâton qu'en poudre. Son arôme doux et agréable, délicat mais si intense, en fait la préférée de mes épices.

J'aime aussi le mystère qui longtemps, a entouré l'origine de la cannelle.

Les marchands égyptiens prétendaient que des oiseaux géants allaient arracher les brins de cannelle sur des arbres énormes puis les emmenaient dans leurs nids afin de préserver leurs petits de toute maladie. Pour récolter la cannelle il fallait, au péril de sa vie, grimper sur ces arbres monstrueux et dérober la précieuse épice... Ce qui permettait de faire grimper aussi... les prix !

Les Croisés quant à eux, laissaient à penser que le paradis terrestre existerait toujours, dépeuplé certes, mais éternellement idyllique. Il suffisait d'aller poser des filets le soir, à l'entrée supposée de l'éden et au petit matin de les rechercher, chargés de douceurs et d'épices, dont bien sûr, la merveilleuse cannelle. La douce brise soufflant sur le paradis jouant en l'occurrence le rôle du Père Noël !

GÂTEAU
POMMES-CANNELLE

Préchauffez le four à 140°.

Mélangez tous les ingrédients dans un saladier.

Versez dans un moule à manqué beurré et fariné.

Coupez les pommes épluchées et épépinées en petits dés.

Répartissez-les sur la préparation.

Saupoudrez de cannelle.

Enfournez à 140° pour 30 mn.

Démoulez tiède et servez avec une crème anglaise.

I N G R É D I E N T S

Pour 8 Personnes
1 pot de yaourt nature, 2 pots de sucre en poudre,
1 pot de maïzena, 1 pot de farine de blé ,
1 pot de farine de petit épeautre, 2 œufs,
1 pot de crème fraîche liquide, 1 pincée de sel,
1 sachet de levure chimique,
3 pommes reinettes,
1 cuillère à soupe de cannelle en poudre.

SOUPE DE CERISES
À LA FLEUR D'ORANGER ET AU MIEL DE LAVANDE

Dans une grande casserole, faites bouillir l'eau, le miel, la badiane, la cannelle et la muscade..

Laissez frémir 10 mn.

Ajoutez les cerises rincées et équeutées.

Après reprise de l'ébullition baissez le feu et laissez frissonner 7 à 8 mn.

Ajoutez l'eau de fleur d'oranger.

Laissez refroidir.

Dégustez glacé, décoré de feuilles de menthe fraîche.

I N G R É D I E N T S

Pour 5 personnes
1 kg de cerises, 1 litre d'eau,
500 g de miel de lavande,
1 verre à moutarde d'eau
de fleur d'oranger,
3 étoiles de badiane,
4 bâtons de cannelle,
1 pointe de couteau de muscade râpée,
un bouquet de menthe fraîche.

Soupe de cerises à la fleur d'oranger et au miel de lavande

En l'an 900, le roi de Perse est en pleine déprime. Le roi des Indes, son cousin, décide donc de lui envoyer les «Zot», «Rom», et «Dom», connus pour leurs talents de musiciens, afin de le distraire. A grand roi, grand cadeau, c'est donc 10 000 personnes qui prennent le chemin de l'exil !

Leur mission accomplie, les musiciens se séparent en deux groupes, le premier se dirige vers l'Egypte, où d'Egyptiens ils deviennent gypsies, gitans... L'autre vers la Grèce. Malmenés par les guerres, fréquentes à l'époque, ils poursuivent leur route. Certains vers la Baltique, la Bohême où ils se transforment en Bohémiens. Certains enfin, arrivent en France en 1419.

Tour à tour rejetés ou protégés par les gouvernements et les rois, sommés de se sédentariser, car pour l'ordre public, nomade veut dire asocial. Souvent exclus du peuple qui, redoutant ce qu'il ignore, les charge de tous les maux de la terre, les Gitans, Manouches, Roms, Yeniches, repliés sur eux-même par la crainte qu'ils inspirent, développent leur sens de la solidarité et de la famille.

C'est en famille qu'ils travaillent, qu'ils voyagent, qu'ils vivent. Parents, enfants, aïeuls, chacun à sa place dans la communauté où il est totalement inconcevable d'abandonner à des mains étrangères un orphelin ou un vieillard.
Bouglione, Zavatta, Django Reinhard, Paco de Lucia autant de gitans qui nous ont fait rêver...

Aujourd'hui on les rencontre sur les marchés, rempailleurs de chaises, ou vendeurs à la sauvette. Dans la vallée de Saint-Saturnin, lorsque je vois s'installer les caravanes, je sais que le temps des cerises est venu.

Un «gadge» a dit un jour « Seuls les princes et les gitans se moquent du regard des autres». Joli, non ?

Tailliz de petit épeautre aux fruits secs

Il est vrai qu'on utilise peu le lait au Moyen-Âge, surtout dans nos régions méridionales où les vaches sont rares, oui mais, j'utilise le lait, si possible, cru et entier, parce que j'aime les vaches...

J'ai une passion pour les vaches. Je les collectionne. C'est un réveil en forme de vache qui me sort de mon lit chaque matin de son doux meuglement. A mon poignet c'est une vache qui me donne l'heure. Je verse mon thé du matin d'une théière vache à une tasse vache. Et si je mange chez moi, je termine mon assiette afin de découvrir la vache qui la décore. Le torchon dans lequel je m'essuie les mains est brodé d'une vache. Mes invités me préviennent de leur arrivée en tirant la cloche d'une vache installée à ma porte, et je suspends leurs vêtements à un groupe de vaches dans l'entrée. S'ils ont un rhume, je leur offre un mouchoir provenant d'un distributeur en forme de vache!

Je possède un cheptel impressionnant qui s'agrandit chaque jour de mes coups de cœur ou des cadeaux de mes amis ! Et avant de terminer mes journées, je vais faire un tour sur un site internet dédié aux vaches !

Belle, calme, généreuse et pacifique, la vache me fascine !

Les Hindous en ont fait la mère universelle, celle qui donne tout d'elle-même, lui accordant en retour une attention et un respect sans faille. La vie étant éternel recommencement celui qui s'occupe des vaches avec vénération est assuré de créer les meilleures conditions à sa réapparition dans le monde.

TAILLIZ
DE PETIT ÉPEAUTRE AUX FRUITS SECS

Mixez la poudre d'amandes et le lait.

Ajoutez le sucre, le safran, la cannelle.

Portez à ébullition dans une casserole.

Jetez en pluie la semoule et tournez sans cesse avec une cuillère de bois. Ajoutez les abricots ou les figues détaillés en petits morceaux et les raisins secs.

Prolongez la cuisson environ 15 mn en remuant souvent. Versez dans un plat huilé.

Laissez refroidir avant de «tailler» en carrés.
Servez avec un pot de miel liquide et des grains de sésame dorés.

I N G R É D I E N T S

Pour 5 personnes
1 litre de lait, 200 g d'amandes en poudre,
100 g de sucre en poudre,
150 g de raisins secs,
150 g d'abricots secs ou de figues sèches,
200 g de semoule de petit épeautre,
7 ou 8 filaments de safran,
1/2 cuillère à café de cannelle en poudre.

Potimarron à la cannelle

Il était une fois, dans le beau pays d'Irlande, un jeune homme nommé Jack. Il aimait rire et chanter. Il appréciait beaucoup le whiskey, cet alcool d'orge que les moines accompagnant St Patrick (Dieu ait son âme), lui avaient appris à fabriquer. Chaque jour il remerciait le Seigneur d'avoir guidé les saints hommes jusqu'à cette terre d'Irlande.

Effectuant ses dévotions quotidiennes, il se considérait comme un excellent catholique. Il aurait, sans hésitation, démoli le premier qui aurait osé prétendre le contraire car Jack aimait se battre. Sa force était connue dans tout le comté et plus d'un hésitait avant d'oser faire le coup de poing avec lui, même s'il venait de se faire plumer au jeu car Jack aimait aussi jouer... et tricher !

Il n'était pas méchant, non, seulement buveur, tricheur, bagarreur, hâbleur, en somme c'était un Irlandais !

Jamais il n'aurait refusé de rendre un service à l'un de ses voisins dans l'ennui... A une seule condition : que ça ne lui coûte rien ! Hé oui ! Jack, à force de jouer et de tricher, avait amassé un magot, un vrai trésor ! Mais il était tellement avare, qu'il n'ouvrait sa cassette que pour y ajouter ses gains, jamais la plus petite pièce n'en était sortie !

Un jour le diable engagea une partie avec Jack...celui-ci eut beau utiliser toute son expérience, tout son savoir-faire ...il perdit ! Il en fallait plus pour le décourager... Dans un grand éclat de rire, il défia le diable de monter sur le grand arbre devant la taverne :
« - Si tu y parviens, je te donne le double de ce que tu viens de gagner !»
Le diable, peu méfiant, et sûr de lui, releva le défi.
Le voilà donc au sommet de l'arbre, triomphant :
« -Tu as perdu, Jack, il va falloir me payer, mais qu'est-ce que tu fabriques avec ton couteau ?»

Jack était simplement en train de graver une croix sur le tronc de l'arbre... Le diable ne pouvait plus redescendre ! Il fallut négocier, le diable, furieux, jura de se venger...

Jack vécut très très vieux. Un jour pourtant il dut se présenter à la porte du paradis, mais Saint-Pierre lui refusa l'entrée, il avait trop bu, trop triché, jamais il n'avait aidé les pauvres, il avait passé sa vie à se battre... Il continua son chemin et frappa à la porte de l'enfer... Le diable tenait sa vengeance !

Il offrit au pauvre Jack une citrouille évidée : «De la même couleur que ta tignasse d'Irlandais !»
Et lui lança une braise : «elle durera toute l'éternité si tu la places dans ta citrouille, tu en auras besoin puisque jusqu'à la fin des temps tu vas te promener tout autour du monde !»
Et ce fut son tour d'éclater d'un rire... démoniaque !

On dit que sur la lande, les soirs d'Halloween, on entend le diable... qui en rit encore !

POTIMARRON
À LA CANNELLE

Epluchez et coupez en tranches les potimarrons.

Frottez-les de gros sel et laissez attendre 3 heures dans un torchon.

Essuyez soigneusement.

Faites dorer dans une poêle avec le beurre.

Ajoutez miel et cannelle.

Couvrez, et laissez mijoter jusqu'à ce que les tranches soient moelleuses.

Servez décoré de feuilles de menthe ou de basilic pourpre.

INGRÉDIENTS

2 petits potimarrons,
1 cuillère à soupe de beurre,
2 cuillères à café de cannelle,
1 cuillère de miel liquide.

Tian de lavande et de farine d'avoine

L'avoine a ceci de commun avec le petit épeautre : elle a été longtemps méprisée ! A tel point que dans les champs de froment elle est considérée comme une mauvaise herbe. Comme toutes les mauvaises herbes, elle est tenace. Elle pousse et se développe très vite, étouffant parfois «le bon grain».

Un paysan, sans doute lassé de la combattre, décide un beau jour de la cultiver...C'était environ quatre siècles avant Jésus-Christ, dans le bassin méditerranéen !

Comme elle supporte mieux la pluie en fin de croissance, que les autres céréales, les Bretons décident de l'apprivoiser. Elle devient très vite, sous forme de bouillie, l'aliment de base des Celtes et des Germains. Hildegarde de Bingen, grande mystique du Moyen-Âge (également musicienne, écrivain et médecin), classe l'avoine dans les trois «aliments de la joie» (les autres étant l'épeautre et le froment) sources de «virilité». Elle précise que c'est «une nourriture généreuse et saine, elle donne une âme joyeuse, une intelligence nette et claire, un beau teint et une chair pleine de santé».

Le porridge (bouillie d'avoine) serait-il le secret de la force légendaire des Ecossais, de l'humeur joyeuse des Irlandais et du teint célèbre des Anglaises ?

Au siècle dernier, l'avoine tombe en désuétude, curieusement les Anglo-Saxons qui nous l'avaient enlevée, nous la ramènent sous forme de flocons d'avoine et autre muesli. La boucle est bouclée !
En tous cas les éleveurs de chevaux eux, savent depuis longtemps qu'un picotin d'avoine est la meilleure des récompenses pour les chevaux, leur procurant énergie et vitalité.

Une très vieille comptine célèbre l'avoine. Ne vous étonnez pas de l'absence de rime : jusqu'au XVIème siècle on prononce : aveine .

Refrain :
«Aveine, aveine, aveine,
Que le bon dieu t'amène,
Aveine, aveine, aveine,
Que le bon dieu t'amène !»

«Qui veut savoir
Et qui veut voir
Comment on sème l'aveine ?
Mon pèr' la semait ainsi,
Puis se reposait ainsi...»

(refrain)

«Qui veut savoir
Et qui veut voir
Comment on coupe l'aveine ?
Mon pèr' la coupait ainsi,
Puis se reposait ainsi...»

(refrain)

«Qui veut savoir
Et qui veut voir
Comment on bat l'aveine ?
Mon pèr' la battait ainsi,
Puis se reposait ainsi...»

(refrain)

«Qui veut savoir
Et qui veut voir
Comment on vanne l'aveine ?
Mon pèr' la vannait ainsi,
Puis se reposait ainsi...»

(refrain)

TIAN DE LAVANDE
ET DE FARINE D'AVOINE

Faites bouillir les 3/4 du litre de lait avec le sucre, à l'ébullition ajoutez la lavande et laissez infuser quelques minutes.

Passez le mélange et remettez sur le feu.

Ajoutez la farine d'avoine dissoute dans le reste de lait froid, laissez bouillir 2 ou 3 minutes.

Hors du feu ajoutez les jaunes d'œuf un à un.

Versez la préparation dans de petits ramequins de terre cuite.

Faites cuire au four au bain-marie une vingtaine de minutes à 150°.

Faites tremper les feuilles de gélatine dans de l'eau froide une dizaine de minutes.

Mettez à bouillir l'eau sucrée et ajoutez la lavande.

Infusez, passez.

Dans l'eau chaude ajoutez la gélatine bien essorée et fouettez.

Laissez refroidir.

Servez les tians nappés de gelée de lavande.

I N G R É D I E N T S

1 cuillère à soupe de beurre,
2 cuillères à soupe de farine d'avoine,
2 cuillères à soupe de sucre,
1 bouquet de lavande, 6 œufs,
1 litre de lait.

Pour la gelée :
Une vingtaine de fleurs de lavande,
6 demi-feuilles de gélatine,
1/4 de litre d'eau,
2 cuillères à soupe de sucre.

tibi ut eruas me domine ad
adiuvandum me respice.
Sitiuit.

um quando veniã et
apparabo ante faciem
dei.
Fuerunt michi la
crime mee panes die ac
nocte : dum dicitur mi
chi cotidie ubi est deus
tuus.
Hec recordatus sum
et effudi in me anima
meam : quoniam tra
sibo in locum taberna
culi admirabilis usq;
ad domum dei.
In voce exultacioni

Chocolats à la cannelle et au gingembre

Jamais une journée d'école ne lui a semblé aussi longue, enfin c'est terminé ! Flavie court à toutes jambes pour rentrer chez elle. Pas question aujourd'hui de flâner en route : les vacances des saturnales commencent... A la maison, depuis ce matin, maman décore l'atrium avec les plantes vertes traditionnelles. Toute la semaine vont se dérouler des jeux, des courses, à travers le pays afin de célébrer Saturne, dieu des semailles et de l'agriculture.

Bien sûr, il y a ce jour que Flavie n'apprécie guère le «liberta decembris» journée de la liberté et du monde à l'envers, où elle devra, du lever au coucher, obéir à Blandine, son esclave personnelle, quelle barbe ! Heureusement la douce Blandine n'en profite pas pour se venger de toutes les vexations subies à longueur d'années de la part de sa petite maîtresse... Papa soupçonne la jeune esclave d'appartenir à cette nouvelle secte dont parlent tous les journaux.

Les esclaves des parents eux, ne se privent pas ce jour-là de se prélasser et se faire servir de larges rasades du meilleur hydromel de la maison, celui que l'on garde pour les visiteurs importants.

Flavie attend surtout le dernier jour des saturnales : la fête des sigillaires ! Ce jour-là tous les romains échangent des cadeaux, mais c'est surtout la fête des enfants et même dans les familles les plus pauvres, aucun bambin n'est oublié. Ensuite aura lieu le grand souper dans la pièce décorée pour l'occasion. Tous les membres de la famille seront réunis, les grands-parents, les tantes, les oncles et les cousins seront de la fête. On pourra manger autant de friandises et de sucreries qu'on voudra. Le lendemain on célèbrera la naissance de Mithra, le jeune dieu solaire, qui selon la légende apparaît sous la forme d'un nouveau-né sortant d'une grotte, après ce jour de Sol Invictus (soleil invaincu) le soleil recommencera à briller un peu plus longtemps chaque soir.

Papa prétend que ces vieilles traditions vont disparaître très bientôt. Il paraît que notre empereur, Constantin le Grand, s'est converti à cette religion à la mode, il est très ami avec le dirigeant de la nouvelle foi qui s'appelle un pape. On murmure que l'année prochaine il ne faudra plus dire «des saturnales» mais Noël. Et que l'on fêtera la naissance d'un bébé nommé Jésus et non plus celle de Mithra.

Tout cela ne dérange pas réellement Flavie, en revanche ce qui l'inquiète vraiment c'est de savoir si les grandes personnes continueront à donner des cadeaux et des bonbons aux enfants...

CHOCOLATS
À LA CANNELLE ET AU GINGEMBRE

Laissez ramollir le beurre à température ambiante et mélangez la cannelle, laissez au réfrigérateur 24 heures.

Le lendemain faites fondre au bain-marie le chocolat, puis hors du feu, mélanger le beurre de cannelle par petits morceaux, la pâte doit être bien homogène.

Sur le papier sulfurisé disposez les baguettes pour former un rectangle.
Versez le mélange et laissez refroidir.

Deux possibilités : vous pouvez rouler de petites boulettes de chocolat lorsque le mélange est encore tiède, roulez ensuite ces boulettes dans un mélange de sucre et de cannelle.

Vous pouvez aussi attendre le complet refroidissement du chocolat et découper de petits carrés.
Même préparation avec du gingembre en poudre.
Les chocolats se conservent une semaine au frais.

I N G R É D I E N T S

250 g de chocolat à cuire,
125 g de très bon beurre,

1 cuillère à café de cannelle en poudre,
papier sulfurisé, 4 petites baguettes de bois.

CRÈME
DE GINGEMBRE FRAIS AU MIEL D'ACACIA

Dans une jatte, passez au mixer tous les ingrédients sauf le miel.

Laissez reposer au réfrigérateur couvert d'un papier film au moins 2 heures.

Au moment de servir, dans un verre à liqueur, versez 1 cuillère à café de miel d'acacia, puis le mélange crémeux.

Décorez d'une feuille de menthe et d'une fraise.

INGRÉDIENTS

3 cuillères à soupe de brousse fraîche,
3 cuillères à soupe de fromage blanc,
2 yaourts brassés,
2 cuillères à soupe de crème fraîche épaisse,
1 noix de gingembre frais râpé,
miel d'acacia.

Crème de gingembre frais au miel d'acacia

La fin de la coupe de la canne à sucre, à l'Ile Maurice, est prétexte à de grandes fêtes sur les plantations. Ce soir là, indiens, chinois, créoles se retrouvent autour du feu pour préparer le séga !
Le séga ! Exclusivité des îles de l'océan indien, cette musique est arrivée d'Afrique et de Madagascar avec les esclaves importés par les colons français. Elle était le moyen d'exprimer leurs peines, leur nostalgie, mais aussi leurs joies et leurs amours dans une langue où chacun retrouvait un peu de son pays : le créole. Une musique sur laquelle on dansait, les pieds serrés puisqu'enchaînés. Au fil des années le séga est devenu le véhicule pour raconter dans un créole savoureux les exploits d'un «bonhomme cinq sous» ou d'une Anita et de ses amours, les anecdotes de tous les jours, ou se moquer gentiment de son voisin. Pas d'anniversaires, de mariages, de funérailles sans séga. L'instrument indispensable est la ravane, sorte de tambour taillé dans du bois de goyave chinois et tendu d'une peau de chèvre, qu'il faut chauffer souvent au cours de la soirée afin d'en tirer un son parfait.
J'ai eu la chance de connaître Ti-Frère, ségatier légendaire de l'île Maurice qui a su donner au séga ses lettres de noblesse et garder l'âme de cette musique ancestrale. Ti-Frère né avec le siècle était illettré, mais capable d'improviser une chanson à la demande, je l'ai vu chanter toute une nuit sur les plantations, sans marquer le moindre signe de fatigue... Il avait alors plus de 70 ans et venait d'être fait Membre de l'Empire Britannique par la reine pour services rendus à l'art ! Au cours de la soirée, lorsque la fatigue apparaît (due, peut-être à l'abus du rhum illicite tiré de la canne !), c'est une autre forme de tradition orale qui prend le relais : les sirandanes.
Les sirandanes tout comme le séga font partie de la vie quotidienne des Mauriciens. A première vue simples devinettes, elles sont aussi un moyen de tester l'appartenance des participants au groupe, de jouer avec les mots (zedmo). A une époque lointaine elles permettaient de transmettre la connaissance, le plus souvent dans une relation grand-mère petit-enfant. Un exemple tout simple, et vous devinerez l'ingrédient à utiliser pour réaliser ce dessert étonnant, mais facile à réussir :
«- Tambur larzan anba later ? - zinzamb.»
Un tambour d'argent sous la terre ? -gingembre .

Gingembre confit

Miel et sirop d'érable, raisins secs, dattes et figues furent sans doute les premières douceurs connues. Le sucre, apparu au Moyen-Âge est tout d'abord réservé aux malades dont il est réputé hâter la guérison.

C'est une épice chère puisqu'elle arrive de Sicile et d'Andalousie où on cultive la canne, mais probablement aussi d'Orient. Bien vite on la trouve sur les tables des riches bourgeois et les seigneurs en font grand usage, n'hésitant pas à saupoudrer un plat salé de cette neige exotique.

Toutes les épices sont à la mode, elles sont rares et chères, et surtout : elles viennent de loin ! Ne serait-ce pas la raison profonde de cet engouement ? Elles font appel à l'imaginaire : les voir, les sentir, les déguster, c'est rêver de pays lointains, d'aventure, de croisades, d'inconnu, de magie, d'évasion !

Elles servent, bien sûr de monnaie d'échange, on paie ses dettes en species –espèces- (si on peut aujourd'hui encore payer en espèces, le règlement de nos dépenses courantes en épices est interdit depuis 1790 !).

Cette nouvelle épice crée de nouvelles habitudes. Jusqu'alors on a beaucoup mêlé miel et vinaigre dans les plats indifféremment servis en début ou en fin de repas. Les épices, et surtout le sucre, envahissent la table, on va jusqu'à leur donner non pas une, mais trois places précises dans l'ordonnance du repas : «La desserte», qui, comme son nom l'indique, est servie lorsqu'on dessert les mets principaux, composée de diverses pâtisseries : flognarde aux poires, blanc-manger aux amandes, poires confites à la cannelle. «L'issue» offre à son tour tout un choix de gâteaux secs : massepains, gaufres et oublyes. «Le boute-hors» conclut le repas sur quelques fruits confits, dragées à la cannelle, coriandre et gingembre confits, (épices de chambre) arrosés d'hypocras ou de claret. Cette ultime étape du repas est supposée aider à la digestion des mets par les principes aromatiques de toutes ces épices.

GINGEMBRE
CONFIT

Epluchez les rhizomes de gingembre et coupez-les en fines tranches.

Couvrez d'eau et laissez bouillir une demi-heure à petits bouillons dans une casserole.

Egouttez et remettez le gingembre dans la casserole.

Ajoutez 500 g de sucre et 1/2 litre d'eau.

Faites cuire à feu très doux en remuant de temps en temps jusqu'à évaporation totale de l'eau.

Laissez tiédir.

Dans un grand saladier versez le sucre en poudre et la cannelle ajoutez le gingembre confit et tourner avec une cuillère en bois afin d'enrober chaque tranche de gingembre.

I N G R É D I E N T S

500 g de gingembre frais
(vérifier que la peau soit fine et légèrement argentée),
500 g de sucre en poudre,
eau,
sucre en poudre pour enrober le gingembre
cannelle en poudre (2 cuillères à café).

PÊCHES RÔTIES

AU MIEL AU BASILIC ET À LA LAVANDE

Disposez les fruits dans le plat à four.

Arrosez-les de miel et de beurre.

Ajoutez les feuilles de basilic et la lavande.

Dans un four préchauffé à 150°, glissez le plat.

1/2 heure plus tard, montez la température jusqu'à 200° dix minutes encore.

Tournez cette fois le bouton en position gril et laissez caraméliser.

Servez, c'est aussi bon tiède que froid.

I N G R É D I E N T S

1 pêche par personne, 1 cuillère à soupe de beurre,
1 cuillère à soupe de miel de lavande,
5 ou 6 sommités fleuries de lavande,
1 dizaine de feuilles fraîches de basilic
(si possible de la variété basilic-cannelle),
plat à four.

Pêches rôties au miel au basilic et à la lavande

Bien que les Romains l'appellent Malum Persicum ou Prunus Persica, (pomme de Perse), la pêche est née en Chine où elle est symbole de fécondité et d'immortalité. Un très vieux dicton chinois affirme que quiconque mange des pêches de la montagne de Kouoliou, aura la vie éternelle. Elle séduit des marchands qui l'emmènent en Perse, la caravane passe par la Grèce, elle arrive à Rome et fait la conquête d'Auguste.

Ce fruit charnu, sensuel, vêtu de velours se pare de noms évocateurs : Belle de Chevreuse, Téton de Vénus, Grosse Mignonne, Pucelle de Malines. On ne sait si Escoffier, cuisinier renommé, succomba aux charmes du fruit ou de la cantatrice Nelly Melba lorsqu'il créa pour elle la célèbre pêche Melba !

Pour ma part j'ai un faible pour la pêche de vigne, au subtil parfum de rose, malheureusement devenue trop rare. La légende veut qu'on ait planté ces pêchers afin que la vigne se sente moins seule ... En fait le pêcher aime le coteau, cet asiatique s'y sent protégé des gelées, il ne gène pas le travail manuel du vigneron et lui procure un revenu de remplacement lorsqu'au XIXème siècle la maladie touche durement la vigne et comme sa production est tardive, il désaltère le vendangeur. Le paysan utilise jusqu'à ses feuilles en décoctions pour débarrasser les fûts de leurs mauvaises odeurs.

Vous rencontrerez peut-être quelques pêchers accrochés aux coteaux, là où on travaille encore à la main, de place en place parmi les rangs de vigne, car la vraie pêche de vigne est issue du hasard, grâce aux fruits consommés sur place.

Si vous en croquez une au passage, faites comme le paysan : crachez le noyau, elle perpétuera la variété pour notre plus grand plaisir

Soupe glacée de melon

Le melon, selon les croyances musulmanes pousse au paradis, où il est le fruit préféré d'Allah. Au Japon, il est considéré comme une offrande, un cadeau princier. Chez les Romains le melon, petit et sans doute assez peu sucré, se déguste poivré et vinaigré, relevé de garum.

Au fil des siècles, il évolue, acquiert volume, parfum et saveur sucrée. Il cesse alors d'être considéré comme un légume, et prend la place d'un fruit.

Il semble qu'une des variétés les plus anciennes soit le melon «brodé». Le Cantalou tient vraisemblablement son nom de Canta Luppo, résidence d'été des papes près de Rome où des moines le cultivent pour la table papale. Les saints hommes s'installant en Avignon amènent avec eux le précieux fruit et le font cultiver dès lors à Cavaillon, terre pontificale. Sa réputation grandit, les melons de Cavaillon sont servis à tous les hôtes de marque. Dès lors on ne cesse de l'améliorer, de nouvelles variétés voient le jour : muscadin, turquin, barbarin, morin.

La cour de France en réclame : c'est le succès pour la «pomme cuite au soleil» des Grecs ! La culture s'étend bientôt à l'Anjou et à la Touraine, plus proche d'accès pour les marchés de la capitale. Il conquiert la Charente, le Sud-Ouest et devient sans conteste le roi de nos étés.

Si je ne dédaigne pas le melon en entrée, mes ascendances paysannes me le font préférer servi au dessert, simplement rafraîchi, mais essayez donc avec un beau melon gorgé de soleil, qu'il soit de Lectoure, de Charente, ou de Cavaillon, cette recette si facile à réaliser...

SOUPE GLACÉE
DE MELON

Faites revenir doucement les melons épluchés et en morceaux dans un peu de beurre, laissez fondre puis ajoutez le sucre et la pointe de cannelle.

Ajoutez un verre à moutarde d'eau, laissez cuire à très petit feu une vingtaine de minutes.

Passez au mixer et ajouter le safran dans la soupe encore très chaude.

Laissez refroidir et servez.

INGRÉDIENTS

2 ou 3 melons de cavaillon bien mûrs,
2 cuillères à café de sucre,

1 noisette de beurre,
cannelle, quelques filaments de safran.

TERRINE
DE BROUSSE À LA VERVEINE FRAÎCHE

Dans un bol, faites tremper la gélatine 10 minutes dans de l'eau froide.

Dans une casserole, mettez l'eau sucrée à bouillir, ajoutez la verveine et laissez infuser.

Egouttez, passez et jetez la gélatine bien essorée dans l'eau sucrée en battant au fouet.

Dans un mixer mélangez la brousse, l'infusion, vous pouvez ajouter quelques feuilles de verveine.

Tapissez de film alimentaire de petits récipients et versez le mélange, laissez bien refroidir.

Démoulez et servez accompagné de gelée de verveine (voir gelée de lavande).

I N G R É D I E N T S

1 brousse fraîche de 200 g,
2 cuillères à soupe de sucre en poudre,
1 bouquet de verveine fraîche (ou de tilleul),
6 demi-feuilles de gélatine, 1/4 de litre d'eau.

Terrine de brousse à la verveine fraîche

Mes enfants sont nés alors que j'étais moi-même, à peine sortie de l'adolescence. Je me souviens des instants de panique qui ont précédé la naissance de mon fils : je prenais conscience de mon incapacité à assumer un bébé, je voulais reculer, mais comment faire ?! Enfant unique, je n'avais jamais eu l'occasion de m'occuper si peu que ce soit d'un tout petit !
Alors...j'ai fait comme les autres ! Mes enfants étaient les plus beaux au monde, les plus intelligents, l'événement du siècle !
A 18 ans, cependant, on a le monde à découvrir, des envies de bouger, de danser. Qu'à cela ne tienne, mes enfants me suivaient en «surprise-partie» dans leurs couffins. Au bout du monde dans nos voyages. Ma mère, horrifiée, les a retirés plus d'une fois de la pièce enfumée où leur père et moi, inconscients, préparions nos examens...
Leurs bisous, leurs câlins, me semblaient devoir durer toujours...mais ils ont grandi, les baisers se sont raréfiés...
J'aime les adultes qu'ils sont devenus , pourtant j'ai parfois la nostalgie de leurs élans d'enfants...
Un jour une petite fille est arrivée, fille de ma fille...
Pendant toutes ces années, je n'ai jamais bêtifié devant les enfants ou petits-enfants de mes amies et je me posais beaucoup de questions quant à la relation que j'aurai avec Orysia. Je n'ai pas eu à lui faire sa place dans ma vie, elle s'est installée tout naturellement, poussant la porte d'un labyrinthe dont j'ignorais tout. Jour après jour, elle me donne ce que j'ai cru «à jamais perdu pour moi», des bras serrés autour de mon cou, des bisous mouillés, une tête reposant sur mon épaule, une peau de soie à caresser. J'en apprécie chaque instant, consciente aujourd'hui de l'impermanence des choses.
La «grand-maternitude» dont elle m'a ouvert la porte est tout autre chose que l'amour passionnel que j'éprouve pour mes enfants. La belle intransigeance de la mère a cédé la place aux incertitudes de la grand-mère... Calme, sérénité, douceur et tendresse, sont les émotions qu'elle éveille en moi, ce qui ne nous empêche nullement de partager des jeux agités !

Cette douceur m'a fait imaginer pour elle, une recette toute douce...

Crumble aux poires et au gingembre

La culture de la poire aurait commencé en Chine, plus de quatre mille ans avant notre ère. «Greffe tes poiriers, Daphnis, tes petits neveux en recueilleront les fruits», chante Virgile. Les Grecs en effet, semblent avoir apprécié les poires, qu'Homère nomme «cadeau des dieux».
Mais ce sont les Romains qui, pratiquant systématiquement la greffe, développent le nombre des variétés. Caton n'en cite que six, Pline déjà plus de quarante, et on en recense une bonne soixantaine à la fin de l'Empire romain.

La diffusion des poires se fait progressivement dans toute l'Europe. A l'époque médiévale, les poires ne semblent guère fameuses, on les nomme «caillou rosat», «poire d'angoisse», et on préfère les consommer cuites.

Mais rapidement, les variétés s'améliorent et deviennent plus nombreuses : on en compte environ deux cents à la Renaissance, près de cinq cents sous le règne du Roi-Soleil, dont certaines portent des noms aussi évocateurs que «Muscate», «Bergamotte», «Frangipane», «Cuisse-madame», «Virgouleuse»...

La poire est rendue célèbre sous le règne de Louis XIV par son jardinier, Jean de la Quintinie qui décide de cultiver de nombreuses variétés de poires dans son potager tant le Roi les apprécie.

La tradition rapporte que les souverains venant se faire sacrer à Reims, reçoivent en cadeau une poire et une coupe de champagne. Louis XV, Louis XVI, Napoléon en 1802 et même Marie-Louise en furent gratifiés. Charles X en dégusta également lors de son sacre en 1825 tandis que le maire de Reims lui disait «Nous vous offrons ce que nous avons de meilleur : nos vins, nos poires et nos cœurs».

Ma fille qui aime les poires, mais aussi les crumbles a imaginé cette recette.

CRUMBLE
AUX POIRES ET AU GINGEMBRE

Mélangez la farine, le beurre le sucre et le gingembre avec les mains jusqu'à obtenir une consistance de sable.

Dans un plat à four disposez les petits cubes de poires, un peu de sucre (2 cuillerées à soupe), bien mélanger et tassez le tout.

Recouvrez les poires de la préparation en une couche uniforme mais non tassée.

Mettez à four préchauffé à 180° pendant une trentaine de minutes.

Dégustez tiède avec un peu de crème fraîche épaisse.

INGRÉDIENTS

200 g de farine,
150 g de beurre mou mais pas fondu,

150 g de sucre en poudre,
1 noisette de gingembre frais râpé, 5 poires.

Potimarron et jujubes en gelée de cannelle safranée

« Mary, cesse donc de tourner en rond, va jouer avec Manteau Fourré, je vous appellerai pour le repas.»

La petite Mary se dépêche d'aller rejoindre son jeune ami indien, mais elle arrive trop tard, son père l'a envoyé chercher du bois dans la forêt pour la préparation du dîner. Tout le monde est tellement occupé aujourd'hui ! Mary soupire, elle s'ennuie toute seule, elle s'assied sur une vieille souche et les souvenirs de l'année qui vient de s'écouler défilent dans sa tête.

Elle se souvient du jour de septembre où elle serrait si fort la main de son papa pour monter dans ce grand bateau. Les parents avaient expliqué qu'on n'avait pas le choix, il fallait partir, quitter Plymouth et l'Angleterre. Le roi James voulait que tous ses sujets pratiquent la même religion que lui, et les parents de Mary n'étaient pas d'accord. Alors on avait fait les bagages et on avait embarqué sur le May Flower...
Papa devrait travailler sept longues années pour la compagnie afin de payer leur traversée, mais il avait dit que là non plus on n'avait pas le choix !

Le 6 septembre 1620, le bateau à voile avait levé l'ancre avec 102 personnes à son bord. Heureusement pour Mary, il y avait beaucoup d'enfants avec lesquels elle avait pu jouer pendant les 65 jours de traversée qui les avait amenés dans le Nouveau Monde. Ils avaient eu très froid à bord, et la nourriture était très mauvaise. On avait dû se contenter de vieille viande séchée et de poisson, jamais de lait ni de beurre. Les grandes personnes s'étaient disputées et les pèlerins avaient signé un pacte de bonne entente, tous s'étaient engagés à respecter les croyances de chacun. Enfin on avait abordé, on avait construit des cabanes dans un endroit baptisé Plymouth lui aussi, tout comme en Angleterre...

L'hiver avait été très dur, comme nous étions en novembre on n'avait pas eu le temps de planter des légumes avant les grands froids. Un jour un homme bizarre était venu au village, il avait de longs cheveux noirs et il était couvert de peaux de bêtes, il parlait anglais et il a dit qu'il s'appelait Squanto. Papa disait que c'était un indien. Squanto était vraiment très gentil, il a montré aux hommes de la communauté comment chasser les dindes, un animal qui ressemble un peu à un poulet, mais en beaucoup plus gros, et qui fait de drôles de bruits. Squanto a amené ses amis. Ils nous ont offert des légumes jaunes que Mary ne connaissait pas. Maman a appris à les faire griller ou bouillir, elle les utilise aussi pour faire du pain après les avoir râpés, c'est pourquoi tout le monde appelle maintenant ces légumes bizarres du «blé d'inde».
Et puis surtout ils ont apporté des fruits énormes, comme une pomme qui aurait trop grossi, ces fruits sont oranges avec une peau très dure. Mary raffole de ces potimarrons qu'on peut manger en dessert ou encore en soupe bien épaisse lorsqu'il fait très froid.

Les pèlerins sont devenus très amis avec les Indiens et aujourd'hui, pour les remercier de leur aide, et remercier Dieu aussi, bien sûr, de les avoir protégés dans cette nouvelle vie, tous ont décidé de partager un grand repas où on dégustera de la dinde, du blé d'inde et des potimarrons.

Maman a dit que ce serait un repas de thanksgiving.

POTIMARRONS
ET JUJUBES EN GELÉE DE CANNELLE SAFRANÉE

La veille faites infuser les filaments de safran dans une tasse d'eau tiède.
Découpez le potimarron épluché en petits dés.

Faites-le fondre dans une casserole avec le sucre et 1/2 litre d'eau à feu doux et à couvert jusqu'à ce que les morceaux soient réduits en purée, passez au mixer.

Remettez à feu doux, ajoutez un peu d'eau si nécessaire pour obtenir la consistance d'une purée très fluide. Ajoutez les jujubes et la cannelle et poursuivez la cuisson toujours à feu doux quelques minutes.

Faites tremper les feuilles de gélatine dans de l'eau froide une dizaine de minutes, essorez-les bien ajoutez-les, hors du feu, en battant avec un fouet, à votre purée de potimarron, terminez en ajoutant la tasse contenant le safran.

Versez dans de petits ramequins individuels.
Mettez au frais quelques heures avant de servir, décoré d'un jujube cru.

INGRÉDIENTS

2 petits potimarrons,
1 poignée de jujubes,
250 g de sucre,
cannelle,
quelques filaments de safran,
4 feuilles de gélatine.

dicite serui domini do
mino.
Benedicite spiritus
et anime iustorum
domino: benedicite sci
et humiles corde dno.
Benedicite anania
azaria misael domino
laudate et superexaltate
eum in secula.
Benedicamus pa
trem et filium cum sco
spiritu laudemus et su
perexaltemus eum se
cula.

Laudate dnm
de celis: lauda
te eum in excelsis.
Laudate eum om
nes angeli eius: lauda

Remerciements

Un grand merci

à Jacques Salomé pour sa préface
à Bertrand Roullier, mon éditeur, pour m'avoir fait confiance
à Cynthia pour son travail sur la précédente édition
à Michel, mon serveur, qui a su manifester tant de patience
à toutes les femmes de ma famille, par le sang ou par le cœur
à la cliente inconnue, qui un jour m'a conseillé d'ajouter du chocolat dans ma daube
à Sarah et son travail sur les légumes oubliés et son amitié
à Marie, ma grand-mère et Viktorija, ma mère pour tout l'amour qu'elles m'ont donné
à Tante Simone pour sa tendresse
à Josiane pour sa présence
Et puis Asta, Irmina, Grazina, Viktorija, Wilija... et les autres !

Quelques jours de vacances vont tout changer ! Mincka découvre la Bretagne, la magie opère : c'est ici qu'elle veut vivre ! Elle quitte restaurant, cigales, soleil et Luberon. Sa passion pour la cuisine et le Moyen-Âge l'entraîne vers une nouvelle aventure : la conserverie de plats médiévaux.

OÙ NOUS TROUVER ?
Notre boutique «Le Moyen-Âge à table». 30, rue Haute-voie - 22100 Dinan - Tél. 02 96 39 50 99

Les épiceries fines qui nous distribuent :

Côtes-d'Armor (22)
- La cave de Val André - *Le palais gourmand - Le Val André*
- L'épicerie - *12, rue Notre Dame - Loudéac*
- Au coin du feu - *Moncontour*
- La nouvelle cave - *23, avenue Chateaubriand - Paimpol*

Ille-et-Vilaine (35)
- Aux frères Provençaux - *Place de la Mairie - Rennes*
- L'épicerie Gourmande - *16, rue du maréchal Joffre - Rennes*
- Perette - *8, rue de l'horloge - Montfort sur Meu*
- Fumage artisanal Malouin - *64, bd Rochebonne - Saint-Malo*

Morbihan (56)
- La Tapenade - *23, rue des Halles -Vannes*
- L'ilot Celte La Brèche - *Arradon*
- Le panier d'armorique - *Place de la République - Auray*
- La galerie des délices - *11, rue Vauban - Lorient*
- Aux délices de la Roche - *6, rue de Nantes - La Roche Bernard*
- Au coin des Délices - *Sarzeau*
- Entre ciel et Art Place des Halles *- Rochefort en Terre*
- Ecrin de Saveurs - *31, Grande rue - Port Louis*
- Le palais Gourmand - *10, rue des Alliés - Plouay*

Finistère (29)
- L'Air du temps - *24, rue du Mur - Morlaix*
- Comptoir des Produits Bretons - *3, quai de Cornouaille - Landerneau*

Loire-Atlantique (44)
- La Boutique du Terroir - *20, rue Ber. Saillé - Guérande*
- Lucien Coulaud - *168, route de Vannes - Orvault*
- L'épicerie du Terroir - *15 Place de l'église - Le Loroux Bottereau*

Paris (75)
- Quintescence - *68, avenue de Sufren Paris 15e*

Rhône (69)
- Le Grenier à blé - *146, avenue Clemenceau - Saint-Genis Laval*

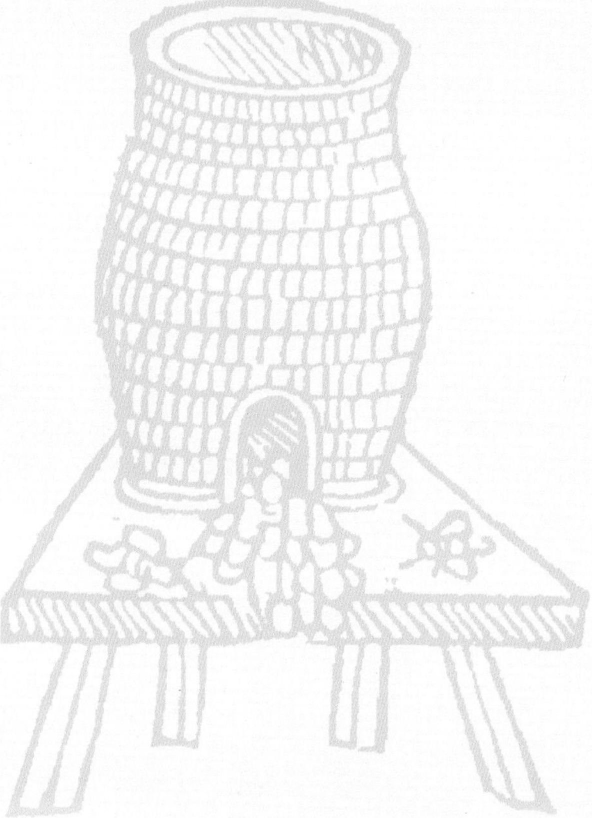

Achevé d'imprimer en août 2005
sur les presses de l'imprimerie Grafiche Zanini à Bologne (Italie)
Photogravure Quadriscan à Oraison

4ème édition